富裕層に学ぶ外貨建て投資

尾河眞樹

nbb
日経ビジネス人文庫

はじめに

「人生100年時代」という言葉が、このところ頻繁に見聞きされるようになりました。長い老後を安心して暮らせるようにするためにも、資産運用の必要性が日本でも広く認識されるようになってきたと、ひしひしと感じています。筆者が講師を務める資産運用セミナーや外貨セミナーなどには多くの方にご参加いただいていますが、最近では参加者のなかに、若い方々や女性もかなり増えてきました。

「資産運用」というと、「そもそも運用する資金がない」「手数料が高い」といった理由から、以前は若年層には敬遠されがちで、富裕層やリタイア後に退職金を運用したい方々、つまり「ある程度まとまったお金を手にしている裕福な方々」だけのものというイメージが強かったと思います。しかし、少額投資非課税制度（NISA）で政府がきっかけを作ったことや、金融機関側も積立商品の拡充、手数料の引き下げやロボアドバイザーの導入などによって商品性も柔軟になったことで、若い方々からみた資産運用に対するハードルは徐々に低くなってきたのではないでしょうか。加えて、フィンテックなど、テクノロジーの進化に伴い、個人財務管理（PFM）が脚光を浴びるなど、個人の資産やお金の管理も便利になりました。

「貯める」「使う」に加え、「増やす」という考え方も広がり、今は、例えば子どもの進学や家の購入など、どのタイミングでどの程度資金が必要になるかというお金の人生設計、いわゆる「ライフプラン」をしっかりと考えながら資産運用を検討する方やご家庭も増えているようです。

こうしたなか、日本経済新聞出版社より2015年に上梓した『富裕層に学ぶ外貨投資術』の文庫化のご提案をいただきました。出版から3年経っても、本書に対するニーズを感じることができて、正直なところ飛び上がるほど嬉しかったです。国内で資産運用に対する注目度が一段と高まっているとはいえ、長引く日銀の金融緩和策により預金ではほとんど金利も付かず、国内の投資先も限られます。そうしたなかで、海外資産への投資や外貨保有は、金利面やリスク分散の観点からも積極的に取り組むべきものになっています。本書はきっと、現在資産運用にご興味をお持ちの多くの方のご参考になるのではと思い、文庫化のご提案に「是非お願いします！」と即答させていただきました。

ところで、「外貨投資への関心が高まっているのはわかるけど、何故『富裕層』なの？」と不思議に思われた方もいらっしゃるかもしれません。筆者は金融機関でのキャリアが長いですが、中でも、前職も含めて直近の11年間は、個人金融（リテール）ビジネスに特化してきました。したがって、富裕層のお客様とコミュニケーションを取る機会も多いのですが、その際に感じることは、資産運用を行っている富裕層にとって、資産の一部として外貨を保有することは、もはや当たり前になっているということです。「外貨は為替変動リスクがある」のはもちろん事実ですが、それよりも、長い目で見たときに円だけに資産を集中させていること自体にリスクを感じている方がほとんどです。したがって、本書で外貨投資経験者が多い富裕層の資産運用についてご紹介することで、現在外貨投資を検討中の方々や初心者の方にも、きっと何らかのヒントがあるのではないかと考えました。

さらに、こうした方々とのコミュニケーションを通じて分かったことがあります。それは、為替の見通しなどをお伝えしていくなかで、こちらから金融市場の情報をご提供しているつもりでも、ふと気づいてみると、むしろこちらのほうが人生について沢山のことを教えていただいているということです。

独立し、一代でビジネスを成功させた方、ご両親からご資産を受け継いだ方、大会社の組織の中でトップまで上り詰めた方と、財産を築いた背景もまちまちですが、この皆様に共通していえるのは、失敗や挫折なども含めて人生経験が豊かで、投資のみならず仕事や人生に対しても、何等かのポリシーがあり、考え方に一本筋が通っているということです。

また、日本や世界の未来に対して、ポジティブであれネガティブであれ、ご自身なりの情報収集力でそれぞれの見通しや見解をしっかりとお持ちであることも、もう一つの特徴です。お話を伺っていていると、いつも新たな発見や気づきがあり「目からウロコ」なので、これは是非読者の方々にシェアできればと思いました。

単行本の『富裕層に学ぶ外貨投資術』の出版が2015年。以降、世界では様々な変化がありました。英国は16年の国民投票で、欧州連合（EU）からの離脱を決めました。17年にトランプ大統領が就任してからは、米国が「アメリカ・ファースト」と自国第一主義を唱えるようになり、欧州でもナショナリズムが台頭するなど、グローバリズムの逆流が起きています。本書では、こうした変化を取り入れつつも、15年当時から変わらない外貨投資に関する基礎的な考え方については、そのまま残しています。

第4章では富裕層へのインタビューが掲載されていますが、前述した通り、6名の方々は外貨投資についても人生観についても、惜しみなく素晴らしいお話をしてくださったので、インタビューの内容については当時のものをそのまま残しています。

また、本書では「外貨」については基本的に米ドルの情報を軸にしています。いざ外貨投資をするとなると、ついつい金利が魅力的な新興国の通貨に目が行きがちですが、新興国への投資は金利が高い分、リスクが高いのも事実です。一方、世界の基軸通貨である米ドルは、様々な通貨のなかでも最も安定しているといえます。したがって、初心者の方が外貨投資をする際には是非米ドルを軸にしていただきたいと考えています。

最終章の第5章では、インタビュー内容なども踏まえて、富裕層の資産運用に対する考え方や外貨投資の手法から、私達が参考にできることや、実践できるコツなどについてまとめました。外貨投資を始めた後も是非、本章を時々開いてみて、思い出していただければと思います。

投資の世界はゼロリスク・ハイリターンということはなく、リスクを取らなければリターンは得られません。ただ、決して過大なリスクを取る必要はありません。個人投資家は長期のスタンスでじっくりと投資することが出来ます。時間を味方につけ、米国を軸に世界の資産に分散投資することによって、リスクを限定しながら世界の経済成長を取り込むことが可能なのです。

本書をお読みいただいた方々にとって、これらの情報が少しでも、今後の資産運用の参考になれば幸いです。

最後になりましたが、改めましてインタビューをお受けいただいた皆様に感謝申し上げると同時に、本書の作成に携わっていただいた全ての皆様に心より御礼を申し上げます。

2019年4月

尾河　眞樹

目次

はじめに　3

第1章　なぜ「外貨投資」が必要なのか？

I　世界の富裕層と日本の富裕層　19

世界のビリオネアは資産規模が兆円単位　19

日本人ビリオネアはなぜ少ないのか？　21

富裕層消費が景気回復を先導する　31

日本の富裕層　33

インタビューで見えた2つの特徴　35

II　日本人の外貨投資　38

日本の家計はまだ保守的な運用　38
外貨建て投資は金融資産の3％程度　41
安全資産からリスク資産へ、国内から海外へ　44
Ⅲ　世界から見た日本円の価値　46
「リスク回避の円高」の正体とは　46
外国人投資家は円を買っていない　49
円相場と株価の逆相関は続く　52
家計貯蓄率の低下が財政危機を招く　54
財政再建に時間はない　60
円暴落で私たちの生活はどうなるか　61

第2章　米ドルを持つことの意味

Ⅰ　なぜ、米ドルなのか　65
33年ぶりの高値を付けた米ドル　65

外貨準備の通貨は米ドルが過半 67
トランプリスクに注意は必要 70
万一のときに頼れるのは、やはり米ドル 74
個人投資家にとっての米ドルの魅力 77

II 米ドルの歴史 79
米国の政治判断による相場の大転換 79
ドル主導の相場展開は続く 82

III 米国経済成長のドライバー 84
アリババ創業者ジャック・マー氏の言葉に学ぶ 84
投資しやすい金融環境がマネーを集める 87
米国は世界一の経済規模を維持し続ける 88
シェール革命で経常収支は大幅改善 93
関連産業に大きなプラス効果も 94

IV 一時は第2の基軸通貨と言われたユーロ 97
ユーロ圏の財政問題はまだ解決していない 97

BREXIT後のEU 102
V 新興国通貨に投資する際、注意すべきこと 106
中国は人民元をどうコントロールするのか 106
新興国投資のリスク 110
新興国投資にあたってのチェックポイント 113
インフレ動向に注意しておく 119

第3章 富裕層は「減らさない」が基本

I 米ドルを増やすという考え方 122
利益確定と損切りの目安を決めてから買う 122
コストレートを下げる買い方 126
米ドルを増やす―コアの米ドルロングをキープする 128
米ドルを増やす―一時的に他の外貨に移す 131
米ドルで米ドル建ての投資信託を買う 133

II　投資信託を通じて海外に投資する　134
投資信託を選ぶ3つのポイント　134
投資対象以外に為替リスクも　139
III　富裕層の取引が増えている仕組債　143
利子は高いがリスクも高い　143
どこでリスクを負っているかを理解する　146
IV　外貨建て分散投資のススメ　152
投資対象とタイミングを分散する　152
お任せスタイルの「バランスファンド」「ラップ口座」と「ロボアドバイザー」　155
「ロボアド」という選択肢も　158
分散投資の効果あり　160
為替にも分散効果　161
値動きの違いを示す相関係数　163
V　GPIFはどのような運用をしているか　165
165兆円の運用資産が国内株や海外株式へ　165

相場押し上げ効果には期待しすぎない　167
リターン効果を高めるための新しい取り組み　170
ＧＰＩＦが日本に広めた「ＥＳＧ投資」とは　171

第４章　富裕層は外貨投資が常識

Ⅰ　投資が趣味？　175
もともと投資に興味あり　175
プロにも通じる運用スタイル　178
海外はじめ、情報収集を怠らない　180
Ⅱ　投資も人生もタイミングがすべてだ！　183
米国留学、米国企業に勤務、そしてアジア進出　183
生活資金と運用資金を分けて大勝負　188
サイクル論とタイミングを重視　190
Ⅲ　「自分のお金ではない」という意識　193

資産を減らさずに後継に継承する 193
外貨投資は「減らさない運用」の一部 195
米ドルが下落しても売る気はなく 197
金融機関は目的で使い分け 199
社会貢献も忘れない 200

IV 「今の値段で未来が買える」の意味とは 202

事業を興し、売却し 202
外貨投資では為替オプション付き仕組み預金 205
自分の足で現場を見にいく 206
リスクテイクとリスク回避のバランス感覚 211

V 何でも実験したくなる 213

フリーター生活から一念発起して税理士に 213
人脈ではなく、人間関係 216
投資では、あらゆるものを実験してみる 219

VI お金や人は、後からついてくるもの 222

プライベートエクイティーファンドで成功 222
資産の半分は外貨 226
外貨投資は資産防衛の意味も 230

第5章 私たちが参考にできること

I 「特別なこと」ではない 235
失敗していないということは…… 235
投資に対する理解不足で二の足 237
投機にも意義がある 239
売り判断に欠かせない投資対象の理解 240

II 参考になること、実践できること 242
外貨投資でグローバルな視点が強くなる 242
〈ポイント1〉市場日記をつける 244
グローバルマネーの動きを知る 245

相場の歪みを察知できる　248
3～4の通貨ペアをチェックする　249
〈ポイント2〉　幅広い情報収集を心がける　250
お気に入りの情報ツールをつくる　254
現地でニュースとの温度差を知る　256
〈ポイント3〉　相場のタイミングをつかむ　260
〈ポイント4〉　危機は投資のチャンスと捉える　263
相場が大きく下落したら、大きく勝負に出る　266
〈ポイント5〉　強みを理解したうえで金融機関と付き合う　268
アナリストとストラテジストの違い　270
為替アナリストの発信情報を参考にする時のポイント　272
〈ポイント6〉　長期的な見通しを持っておく　277

おわりに　281

第1章　なぜ「外貨投資」が必要なのか？

Ⅰ　世界の富裕層と日本の富裕層

世界のビリオネアは資産規模が兆円単位

米「フォーブス」誌は2018年3月、毎年恒例の「世界のビリオネア2018年版（The World Billionaires 2018）」を発表しました。ビリオネアとは、保有資産が10億米ドル以上の「超富裕層」のことで、1米ドル＝110円で換算すると、1100億円。「億万長者」どころか、「1100億円長者」ということになります。途方もない数字！と思いますが、「フォーブス」誌の調べによると、このビリオネアは前年比で18％増加し、2018年は2208人にも上りました。世界的に見れば、この層がいわゆる「超富裕層」に位置づけられます。

ランキングの上位ともなると保有資産規模も「兆円」単位です。1位がアマゾン(Amazon)の創業者でCEOのジェフ・ベゾス氏で、資産は1120億米ドル(約12・3兆円)。前年比390億米ドル増は、年間の資産増加額で過去最高です。本書の単行本を出版した2015年時点では同氏はまだ15位(348億米ドル)でしたから、この間Amazonがどれほど急成長したかが分かります。2位はマイクロソフト(Microsoft)のビル・ゲイツ氏(900億米ドル/約9・9兆円)、3位は世界的に著名な投資家、バークシャー・ハサウェイ社(Berksire Hathaway)のウォーレン・バフェット氏と、毎年お馴染みのメンバーが続きます。

4位はフランスの実業家、ベルナール・アルノー氏(720億米ドル/約7・9兆円)。モエ・ヘネシー・ルイ・ヴィトン(LVMH)及びクリスチャン・ディオールの大株主で、両者の取締役会長兼CEOです。5位はフェイスブック(Facebook)CEOのマーク・ザッカーバーグ氏(710億米ドル/約7・8兆円)。ここまでくると、グーグル(Google)は？と調べたくなりますが、共同創業者のラリー・ペイジ氏(488

億米ドル／約5・4兆円）とセルゲイ・ブリン氏（475億米ドル／約5・2兆円）は、12位と13位に揃ってランクインしています。そして、中国のインターネット大手アリババ・グループ創業者のジャック・マー氏（390億米ドル／4・2兆円）は20位でした。

2018年の特徴は、米国と中国に富が集中していることです。2208名のビリオネアのうち、米国人は585名、中国人は476名でした。しかしその一方で、今回ビリオネアへのランクインは、ハンガリーやジンバブエなども含む、過去最多の72の国と地域からとなっており、このことからも、グローバリゼーションによって富がじわじわと世界へ広がっていることが窺えます。また、今回は仮想通貨取引所コインベースの共同創業者で、CEOのブライアン・アームストロング氏（13億米ドル／約1430億ドル）が初ランクインしただけでなく、フォーブス誌が初めて「世界の仮想通貨長者ランキング」を発表するなど、仮想通貨に世界のマネーが集まったことも特徴的でした。

日本人ビリオネアはなぜ少ないのか？

アジア人のトップは中国の大手インターネット企業、テンセントのCEOであるポニー・マー氏（348億米ドル／約3・8兆円）で17位。次に、先述したアリババ・グループのジャック・マー氏（20位）、香港の実業家、リ・カーシン氏（23位）と続きます。となると、このあたりに日本人が登場するかと思いきや……なかなか現れません。

日本人のトップはソフトバンクの孫正義氏（227億米ドル／約2・5兆円）で、全体の39位にランクインしています。次が「ユニクロ」で有名なファーストリテイリングの創業者、柳井正氏（259億米ドル／約2・8兆円）で55位。次がキーエンス創業者の滝崎武光氏（150億米ドル／約1・6兆円）で68位、さらにその次となると、森ビル会長の森章氏（54億米ドル／約5940億円）の274位まで日本人は登場しません。結局、100位以内のビリオネアはたったの3名でした。

世界最大の経済規模を誇る米国と、第2位の経済大国である中国の富豪で世界のビリオネアの約半分を占めるのは頷けるところですが、では、経済規模が世界第3位の日本が、ビリオネアとなるとなぜトップでも39位なのでしょう？ 国民の豊かさ、つまり、経済規模を人口で割った「一人当たりGDP」で比較すると、日本は4万1420米ドル。一方で、ビリオネアランキング2位の中国は1万100米ドルと、日本の4分の1にも満たない状況です（図表1－1）。

これには、主に次のような理由が考えられます。

図表1-1　10億ドル以上の資産保有者数の国・地域別ランキング（25位まで）

No.	国	人数	1人当たりGDP（米ドル）
1	アメリカ	585	65,060
2	中国	476	10,100
3	インド	131	2,190
4	ドイツ	114	49,690
5	ロシア	96	11,460
6	香港	67	50,570
7	英国	54	42,040
8	ブラジル	43	9,160
9	イタリア	42	34,780
10	カナダ	39	48,600
11	フランス	38	43,500
11	韓国	38	32,770
13	スイス	36	85,160
14	日本	33	41,420
14	オーストラリア	33	57,200
16	スウェーデン	31	54,140
16	台湾*	31	26,520
18	トルコ	29	7,620
19	スペイン	25	31,910
20	シンガポール*	21	62,980
21	インドネシア	20	3,970
21	タイ*	20	7,570
23	イスラエル	18	41,560
24	メキシコ	15	9,870
25	ノルウェー	14	82,770
25	フィリピン	14	3,250

（出所）IMF the world economic outlook（2018）、Forbes Billionairs March 2018

①イノベーション（革新）を起こすようなベンチャー企業が相対的に少ない

ビリオネアの業種を見ると、アマゾンのジェフ・ベゾス氏、マイクロソフト社のビル・ゲイツ氏など、特に米国ではＩＴ関連企業の創業者が目立ちます。これは、人々のライフスタイルを変えるようなイノベーションを起こしたベンチャー企業の創業者が、株式公開（ＩＰＯ）によって巨額の利益を得たことで、ビリオネアになるケースが多いからです。たとえば２０１２年に行われたフェイスブックのＩＰＯの際、創業者でＣＥＯのマーク・ザッカーバーグ氏は３０２０万株を売却し、約10億米ドル（約１２００億円）を手にしたと言われています。

日本でベンチャーを起業してビリオネアとなった創業者が少ないのは、日本では米国に比べてイノベーションを起こす、あるいは大型の新規事業を起こす環境がまだ十分でないことを反映していると言えるでしょう。

今や、パソコンかスマホ1台とアイデアがあればさほどコストをかけずとも起業できる時代になりましたが、イノベーションを起こすような事業を立ち上げるには、当然まとまった資金が必要です。ビジネスが軌道に乗るまでは研究開発費などさまざまな費用がかかります。このような、未上場でも将来成長が見込める企業に対して出資するのが、

「ベンチャーキャピタル（VC）」と言われる投資ファンドです。

ただ、日本におけるベンチャーキャピタルの活動は、まだまだ活発とは言えません。ベンチャーエンタープライズセンターがまとめた年次報告書「ベンチャー白書2017」によれば、日本のVCによる総投資額は1529億円と、前年比17・4％増加しました。ただ、大きく伸びてはいるものの、これに対し米国のVCは7兆5192億円、中国は2兆1526億円と、規模で見ると日本のベンチャー投資とは桁違いであることが分かります。

日本ではIPO時の調達額も相対的に少額です。世界4大会計事務所の一つであるアーンスト・アンド・ヤング（EY）が公表しているレポートで、日米中を比較してみると、日本はIPOの件数、資金調達額のいずれも、米国や中国を大きく下回っていることが見て取れます。2018年は、日本のIPOの資金調達額が264億ドルへと急激に伸びていますが、このうち210億ドルはソフトバンクグループ（SBG）の通信子会社「ソフトバンク（SB）」によるものです（図表1－2）。

ベンチャー企業の企業価値も、米国は桁違いです。最近、「ユニコーン企業」という言葉をよく聞くようになりましたが、未上場ながらその評価が10億ドル（約1100億円）

図表1-2　日米中のIPO件数と調達額の推移
(件数は棒グラフで左軸、調達額は実線で右軸)

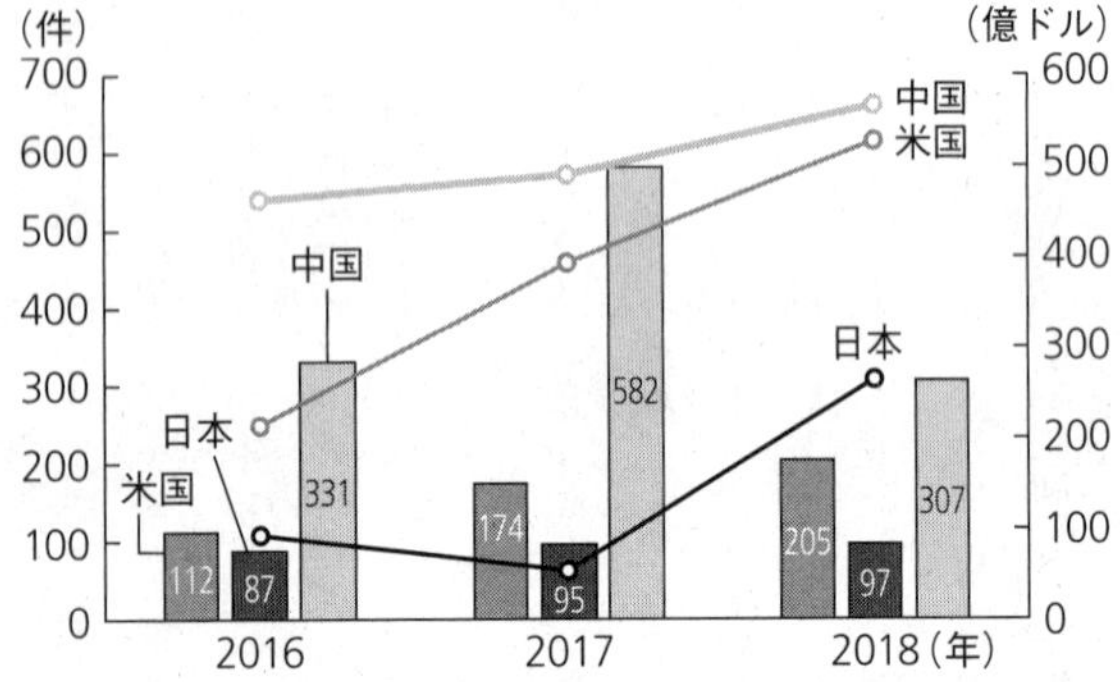

(出所) EY"Global Trends IPO Report"2016～2018よりSFH作成

以上の企業のことを指します。伝説の一角獣「ユニコーン」くらい「まれ」な存在であることからこのように呼ばれますが、２０１８年９月時点で、世界のユニコーン企業は２６０社に上りました。[注1] このうち、上位20社を見ると米国が11社、中国は６社、シンガポール、英国、インドがそれぞれ１社となっています。

日本は人工知能（ＡＩ）開発のプリファード・ネットワークスの１社のみ。フリーマーケットアプリのメルカリも以前はユニコーンと呼ばれましたが、２０１８年６月に新規上場したので、ユニコーンの定義からは外れました。ちなみに、ユニコーン首位の米ウーバー・テクノロジーズは設立から10年足らずで、約7兆円以上の高評価を受けています。

これらはみな、米国に多く見られるようなIT関連企業のビリオネアが、日本には非常に少ないことの主な要因と言えるでしょう。

イノベーションが生まれにくいことや起業家が少ないということは、ビリオネア云々はさておき、経済にとってはマイナスです。

WEF（世界経済フォーラム／World Economic Forum）が発表している「金融市場の発展番付」（The Financial Development Index）は、世界62カ国を対象に、資本市場の規模や金融の安定性など約120の項目を基にアンケート調査を行いランキングしています。直近の番付は2012年と、少し前のデータにはなりますが、世界（62カ国）のなかで日本は総合で7位と、比較的上位に位置づけられています（図表1－3）。

しかし、この番付の内容を項目別に見ると、ビジネス環境の中の、「起業にかかるコスト」36位、「不動産登記コスト」47位、「起業にかかる時間」47位、「IPO金額」37位、「GDP比の企業買収（M&A）規模」39位、「金融知識の普及」29位、「ベンチャーキャピタルの行いやすさ」30位、「海外からの直接投資（GDP比）」60位、「借り入れのしやすさ」30位、となっていて、ビジネスを巡る金融環境ではとたんに順位が下がって

図表1-3　金融市場の発展番付

国名	2012年順位	2012年スコア(1-7点)
香港	1	5.31
米国	2	5.27
イギリス	3	5.21
シンガポール	4	5.10
オーストラリア	5	5.01
カナダ	6	5.00
日本	7	4.90
スイス	8	4.78
オランダ	9	4.73
スウェーデン	10	4.71

(注)採点基準(1～7の項目をベースに採点)

1.Institutional environment：規制環境
2.Business environment：ビジネス環境
3.Financial stability：金融の安定性
4.Banking financial services：間接金融機関の成熟度
5.Non-banking financial services：直接金融機関の成熟度
6.Financial markets：金融市場の成熟度
7.Financial access：金融市場へのアクセス

(出所)世界経済フォーラム

しまいます。

たとえばグーグルやフェイスブックのような、夢はあるもののリスクが高そうな新事業に対して、日本では積極的な出資は行われにくい環境と言えるでしょう。一方、米国の場合、将来の成長を見込んでこうした事業に出資する投資家が存在するため、これがイノベーションや雇用を通じて、経済に貢献してきたことは明らかです。

ベンチャーキャピタルは、10件に投資しても成功するのは1件程度と言われています。未上場企業に投資するということは、それだけ高いリスクを取っているわけですが、その分成功した場合には、ビジネスを立ち上げた経営陣や投資家に大きなリターンがあるだけでなく、イノベーションによって経済に大きなメリットをもたらすのです。安倍政権が「成長戦略」のなかで「ベンチャー支援」を強く打ち出しているのはこのためです。

②企業経営者の報酬が相対的に少ない

日本にビリオネアが少ないもうひとつの要因としては、欧米に比べると、日本の企業経営者の報酬が相対的に少ないことが挙げられるでしょう。米労働総同盟産業別労働組合会議（AFL－CIO）の調べによれば、米S&P500株価指数を構成する大企業の経営者が2017年の1年間に受け取った報酬総額は、平均1394万米ドル、約15億3340万円で、米国の一般労働者平均（3万8613米ドル、約425万円）の361倍に上りました。それに比べれば日本は、役員と従業員の平均年収の格差は最大でも約60倍(注2)で、社内の賃金格差は米国より圧倒的に小さいと言えます。

よく言えば米国は、サラリーマンでも頑張ればゆくゆくは巨額の報酬が得られる、いわゆる「アメリカン・ドリーム」の国であると言えますが、企業内での賃金格差が大きすぎることに対する国民の不満の声も、次第に大きくなっているようです。以前、米国の経済番組CNBCでアメリカ人のコメンテーターが、「ベンチャー企業の創業者は、起業するためにそれまで勤務していた会社を退職するなど、人生において大きなリスクを取っているので、成功すればそれなりに報酬を得るのは分かる。しかし、サラリーマン社長が一般社員の300倍の報酬を得ることに対しては疑問を抱かざるを得ない」と話していました。

日本でも、2018年に一大ニュースとなった、日産自動車のカルロス・ゴーン元会長の逮捕を受けて、企業の役員報酬に注目が集まっていますが、日米欧で役員報酬を比較すると、やはり米国が突出しており、中央値で比較すると米国は日本の6倍に達すると言います。(注3)ちなみに、米国の役員報酬の最高額は半導体大手ブロードコムCEOのホック・タン氏で117・6億円、欧州のトップはスイスのロシュCEOセヴリン・シュヴァン氏で16・7億円、日本のトップは武田薬品工業のクリストフ・ウェバー社長で12・1億円となっています。

役員報酬はさておき、日本の場合は、「雇用形態の格差」が拡大している点に注意が必要です。総務省の「労働力調査」によると、2017年の、非正規雇用社員が雇用者全体に占める割合は平均で37・2％に達し、2007年の33・4％から3・8ポイント増加しています。中でもパート・アルバイトはこの20年間で約800万人から1414万人に増加しており、これが日本の平均賃金が上がりにくい一因となっているのです。

富裕層消費が景気回復を先導する

所得格差がなかなか縮まらないのが世界的に問題視される一方で、富裕層が消費を伸ばすことは、景気回復のきっかけになることもあります。これは、経済理論の一つで「トリクルダウン効果」と呼ばれるものです。たとえば、生活必需品の消費を示す「基礎的支出」は景気の波に左右されず安定的に推移しますが、ぜいたく品などの「選択的支出」は、所得の増減の影響を受けやすく、景気の波に左右される傾向があります。景気が良くなると、株高など資産効果によって高所得者層の所得が増え、まずは選択的支出、つまり娯楽や旅行、外食、家電、乗用車などの消費を増やし、それが徐々に基礎的支出に広がっていくという考え方です。

総務省の家計調査で、「所得階層別家計の収支」を見ると、このような高所得者層の

図表1-4　高所得者の消費が景気回復を先導

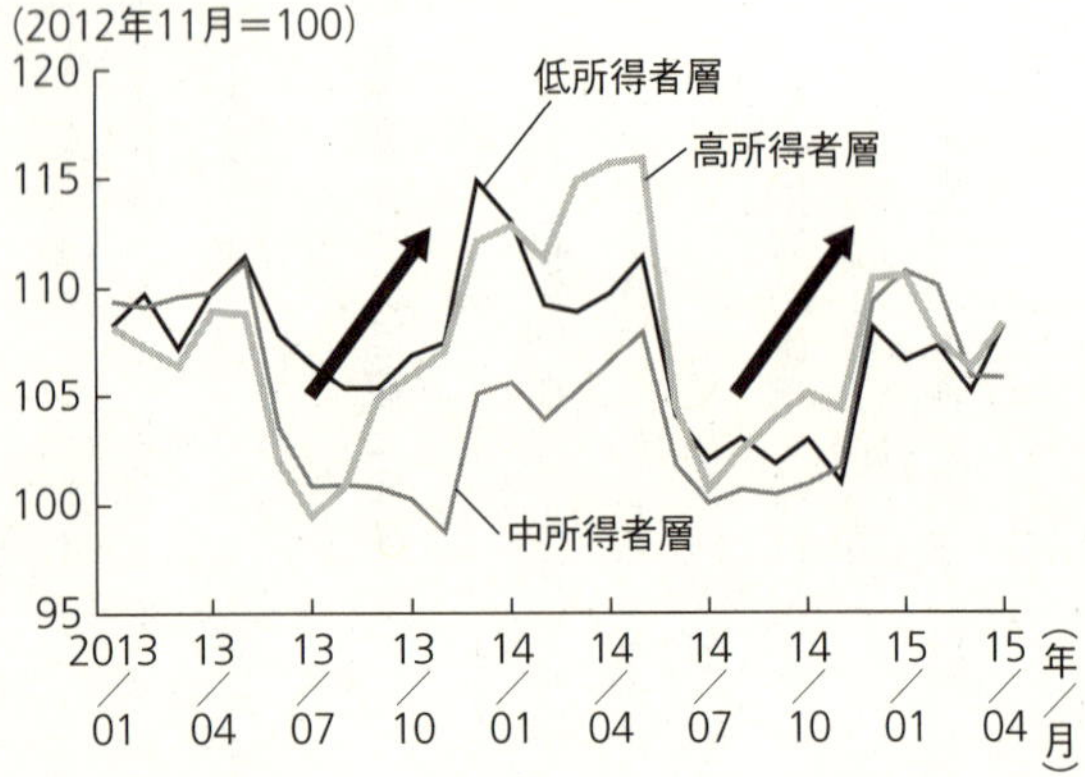

消費が、その後経済全体に広がる傾向が生まれることもあることが分かります。たとえば2013年7月以降は、4月から日銀により実施された量的・質的緩和に伴う円安と株高で、高所得者層がいち早く消費を増やしました。また、2014年4月の消費税引き上げ後の消費は大きく落ち込みましたが、7月のボトムから秋にかけて、高所得者層は再び消費を増やす傾向が見られました。それぞれ高所得者層が消費を増やした後に、中・低所得者層の消費動向も回復に向かい、消費のすそ野が広がったことが確認できます（図表1－4）。

したがって、単に「格差」を批判するのではなく、イノベーションが生まれる環境を整備し、自由な資本市場経済を確保することは重要です。これと同時に、雇用形態の格差を縮める、つまり、パート・アルバイトや契約社員から正社員への道を作ること、就職に失敗してもやり直せるような雇用環境を作ること、労働市場の新陳代謝を活発にすることなど、労働市場の改革を行うことが、日本の政策課題と言えるでしょう。

日本の富裕層

さて、冒頭の「ビリオネア」は世界でもトップクラスの超富裕層に位置づけられますが、日本で「富裕層」や「高所得者層」と言った場合、その定義づけはさまざまです。たとえば、先述した総務省のレポートでは、「高所得者層」は「年収が約900万～1000万円以上（5区分の場合）」と定義しています。これは「年収」ですから、お金の「流れ＝フロー」です。

一方、お金の「蓄え＝ストック」で見る「富裕層」については、野村総合研究所が「純金融資産保有額が1億円以上」を「富裕層」と定義しています。「純金融資産」とは、預貯金、株式、債券、投資信託、一時払い生命・年金保険などの「金融資産（不動産などの実物資産は含めない）」から、ローンなどの負債を差し引いたものを指します。「な

図表1-5　純金融資産保有額の階層別にみた保有資産規模と世帯数

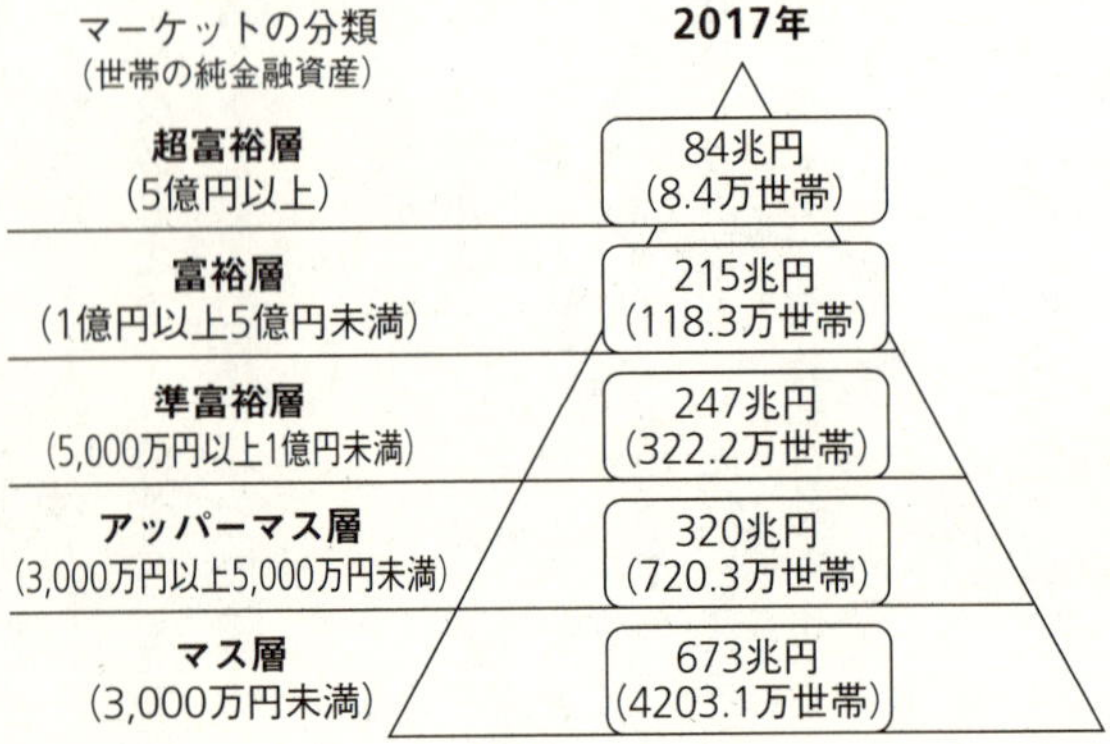

（出所）野村総合研究所

ぜ不動産を含めないの？」と思う方もいらっしゃるかもしれませんが、株式や債券、投資信託などの「金融資産」は、実物資産に比べて現金化しやすいことがポイントです。

さらにこの定義では、「金融資産」から、住宅ローンや自動車ローンなどの「借金」があればそれも差し引いていますから、要するに「すべての蓄えのうち、『すぐに自由に使えるお金』が1億円以上ある人（および世帯）」のことを「富裕層」と定義づけているのです。

同研究所の調べによると、それぞれの保有資産規模と世帯数は2017年時点で図表1－5の通りとなっています。

インタビューで見えた2つの特徴

本書を執筆するにあたり、この定義で「超富裕層」にあたる方々にご協力いただき、インタビューをさせていただきました。詳しい内容は第4章でお伝えしますが、お話を伺った全員に共通した特徴があります。

まず、1つめの特徴としては、職業にかかわらず一代で資産を築きあげた方は、人生においてリスクを取っている、ということです。投資も同じですが、リスクを取らなければリターンは生まれないわけで、人生においても「たまたまラッキーだった」という「ノーリスク・ハイリターン」のケースは、少なくとも今回のインタビューでは見られませんでした。

世界のベンチャーキャピタリストの間で、日本でイノベーションが起きにくい最大の理由として挙げられているのが、日本人は「リスクを取るのが苦手であること」、また「失敗を恐れること」だそうです。失敗することを恐れず、リスクを取って新しいことを始めようとするマインドは非常に重要です。それと同時に、失敗してもやり直せる環境作りが日本には必要なのかもしれません。

ただ、リスクはやみくもに取るのではなく、当然最小限に留めるべきで、投資のスタンスも同じです。富裕層の方々はそもそもお金があるのですから、あえて増やす必要はなく、銀行の円預金にすべてを預けていてもよいのですが、多くの方がリスクを取って資産運用をしています。しかし、「一儲けしよう」と資産の大部分をリスクの高い対象に投資して、「20％のリターンを！」と鼻息を荒くしている投資家はほとんどいません。リスクを取るところ、取らないところをバランスよく考えながら、基本は「**減らさない運用**」を心がけているのです。かの著名投資家、ウォーレン・バフェット氏も、「投資で成功する原則」として、次のように述べています。

第一の原則：損をしないこと
第二の原則：第一の原則を忘れないこと

もちろん、リスクを取って投資しているのですから、損する可能性もありますが、それをいかに最小限に留めるかが運用で成功する秘訣なのです。日本では、１９９９年から事実上のほぼゼロ金利状態が続いています。株式などの比較的リスクの高い資産で運用しないかぎり、国内では運用先が少ないのが実情です。したがって、**分散投資の観点からも、富裕層の間では「外貨投資」が当たり前**になっています。

2つめの興味深い特徴としては、**超富裕層になると、為替相場の変動に一喜一憂する方が少ない**ということです。グローバルなリスク分散の一環として、外貨を持つこと自体に意味を感じているため、それが外貨建てで安定したキャッシュ・イン・フロー（資金流入）を生んでいる限りは、問題ないという考え方なのです。そのため、保有している外貨の相場が仮に下落局面にあっても、目先の為替変動に投資スタンスが左右されるということはありません。

3つめの特徴は、**海外の経済状況などに敏感である**ということです。富裕層は、企業経営者も多いですから、「米国の売り上げが落ちた」、あるいは「アジアの売り上げが伸びている」など海外支社や子会社などのビジネス動向を通じて、世界情勢をキャッチしている方が多いのです。また、海外に直接足を運ぶ、あるいは新聞やニュースなどで海外の情報を積極的に得るなど、極力、現地の経済状況を肌で感じようとしています。これは、第5章でも具体的に述べますが、外貨運用を行ううえで、非常に重要なポイントです。

II　日本人の外貨投資

さて、富裕層の間で外貨投資が当たり前になっているのは先述した通りですが、日本全体で見たときに、外資投資はどの程度浸透しているのでしょうか。

日本の家計はまだ保守的な運用

日銀の「資金循環統計」（2018年8月公表時点）によれば、日本の家計の金融資産総額は1829兆円。そのうち52・5％、約半分が現金・預金。28・5％が保険や年金準備金、10・9％が株式・出資金、4・0％が投資信託、1・3％が債券で運用されています（図表1－6）。現金・預金は、米国では13・1％、ユーロ圏では33％となっており、それ以外は株式や保険、投資信託などに分散投資されています。

いわゆるアベノミクス相場といわれる「円安・株高」が始まった2012年末以降、日本人の金融資産総額は同年12月の1554兆円から、275兆円増加しましたが、金融資産の約半分を現金・預金で保有している状況は変わっておらず、海外に比べると

図表1-6　金融資産合計に占める割合
（日本は円、米国はドル、ユーロ圏はユーロ）

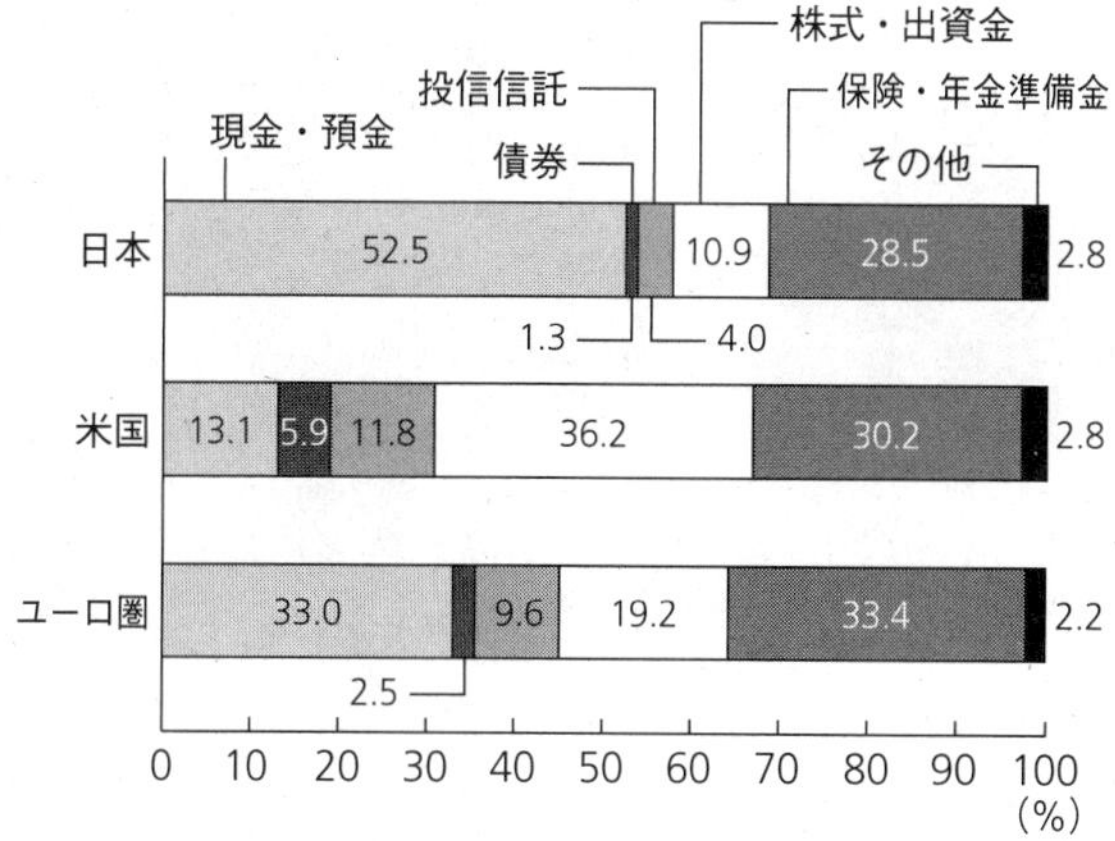

（出所）日銀「資金循環統計」（2018年8月に公表）

「保守的な運用が続いている」と言わざるを得ません。

ただ、これにはもうひとつの側面があります。日本はこれまで物価が下落する「デフレの国」でした。デフレの間は、現金の価値は放っておいても上がるわけですから、「キャッシュ・イズ・キング！」であって、現金を持っていればよかったのです。

しかし、２０１３年４月以降、日銀がデフレ脱却を目指して大規模な金融緩和（長短金利操作付き量的・質的緩和）を続けていることで、物価の下落基調には歯止めがかかり、ようやく上昇の兆しが見られ始めました。物価上昇率は、まだ日銀の目指す前年比2％には遠く及びませんが、今後上昇することになれば、現金の価値は下がっていきます。資産運用でもっとお金に働いてもらい、増やしていかなければならなくなります。そうしないと、実質的には資産が目減りしていくことになるからです。

食品などは、じわじわと価格が上昇しています。表面上の価格は変わらなくても、たとえばお菓子の袋の中身が減ったとか、バターやジャムの内容量が減ったなどという例がよくみられますが、これも立派な値上げです。つまり、今千円で買えたものが、10年後も千円で同じ数量買えるかといえば、難しい可能性が高いのです。経済成長に即して物価が緩やかながら上昇していくとすれば、それに対する備えとして、資産運用でお金に働いてもらい、少しずつでも資産を増やしておく必要があると言えます。

外貨建て投資は金融資産の3％程度

そこで「さあ、資産運用をしよう！」と言っても、いま国内で預金をしても金利はほぼゼロですし、株式だけに投じるのもボラティリティー（相場の変動率）が高く、リスクが大きい。そのため、ある程度高いリターンを追求しようということになると、どう

図表1-7　家計の外貨建て金融資産の推移

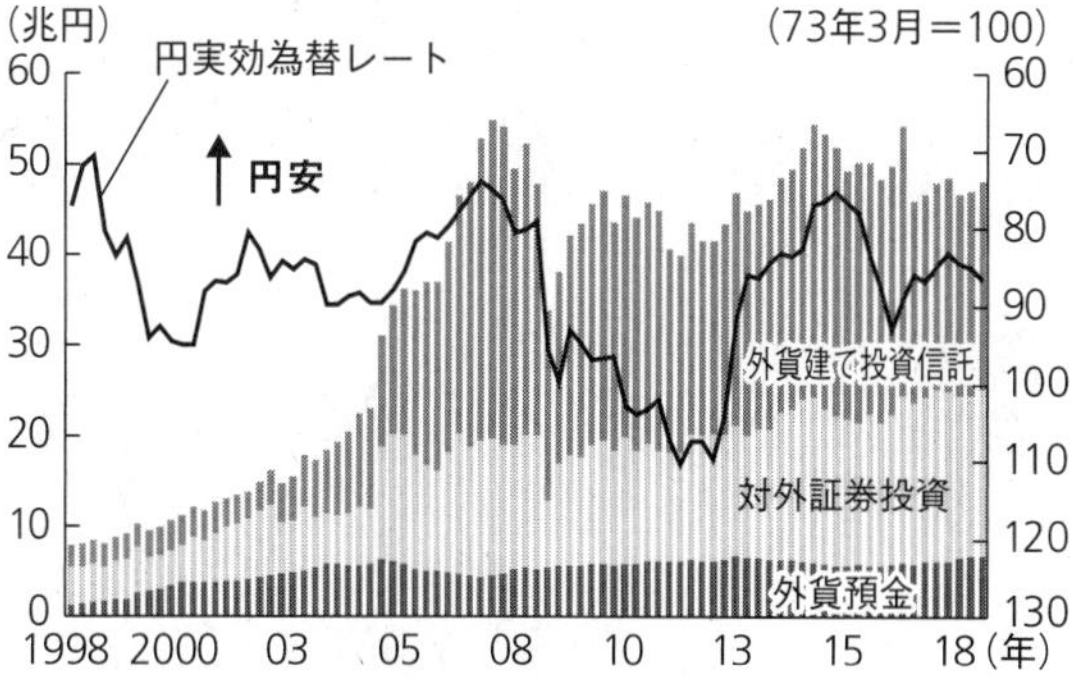

(出所)日銀・財務省、投資信託協会、SFH

しても「外貨投資」が必要になってきます。

では、外貨投資は実際に増えているのでしょうか。図表1－7は、「家計の外貨建て金融資産の推移」です。ここでいう「外貨建て金融資産」は、個人投資家が外貨建てで運用している金融資産全体を指します。内訳は、

①外貨預金

②対外証券投資（外国債券や外国株など海外の証券類）

③投資信託（投資信託の外貨建て運用）

となっており、①、②のように純粋に「外貨建て投資」を行っているものに加えて、③のように、投資信託などを経由して外貨に向かっているマネーも含んでいます。

また、参考までに、この間、円相場がどの

ように動いたかを見るため、円の名目実効為替レートを重ねています。実効為替レートとは、米ドルに対する円の価値やユーロに対する円の価値など、1つの通貨に対する円の価値を見る為替レートではなく、複数の通貨に対する円の総合的な価値を見たものです。実力ベースの円の価値とも言えるでしょう。

1996年から2001年にかけて日本で行われた金融制度改革「金融ビッグバン」によって、1998年からは、あらゆる銀行で一般個人向けの外貨預金が認められるようになったうえ、銀行の窓口で投資信託を購入できるようになるなど、大きな規制緩和がありました。これに伴い、家計の外貨建て資産も加速度的に増加したのです。外貨預金や対外証券投資は、2002年ごろにかけて急速に増加したものの、その後は合計で10兆～15兆円といった水準で安定的に推移しています。

一方、もっとも大きく増加したのが外貨建て投資信託です。これは、先述したビッグバンの規制緩和も大きな要因のひとつです。また、個人投資家にとっては、たとえば米国株や米国債券に直接投資する場合、円をいったん米ドルに替えてから投資する必要がありますが、これら外貨建て金融資産への投資を1つのパッケージにした投資信託であれば、円で購入することができるので投資しやすいという面もあるでしょう。

さて、こうした個人投資家による外貨投資は、全体としては2008年のリーマンショックで一時ガクンと減りましたが、その後再び伸びており、安定的な増加傾向を示しています。円安が進行したことで、円に換算した際の外貨建て資産が増えたという面もありますが、個人投資家の外貨投資に対する興味が増していることは、日々個人投資家に接している筆者自身、感じているところです。

このように外貨投資は、1998年の10兆円規模から、2018年には約50兆円規模まで5倍に膨らみましたが、それでも家計の外貨建て資産は金融資産約1800兆円のうちの、たった3％弱にすぎません。外貨投資、外貨預金に興味がある方は実際には日本人のまだごく一部であって、日本全体で見れば、円建ての資産しか保有していない方がほとんどということになります。しかし、これからインフレへの対応で、少しでも金利の高い資産に資金が向かうとなれば、家計の金融資産に占める外貨建て資産の割合は、着実に増えていくでしょう。

安全資産からリスク資産へ、国内から海外へ

個人の動きに先立ち、公的年金はすでに政策主導で、運用方針を大きく変え始めています。日本人の国民年金を運用している公的機関である年金積立金管理運用独立行政法人（ＧＰＩＦ）は、政府と日銀が物価上昇を目指すなか、２０１４年10月から、これに合わせてポートフォリオ・リバランス（投資配分の入れ替え）を行いました。つまり、これまで運用資産全体の６割を日本国債で運用していたのを、国内株式、外国債券、外国株式など、よりリスクの高い資産へと分散させているのです（図表１－８）。

公的年金はＧＰＩＦだけではありません。他にも、学校法人、政府系職員の年金その他さまざまな年金があり、これらを全部合わせると約２００兆円規模の資産が運用されています。これら全体がＧＰＩＦと同様の動きをしており、２０１２年頃から国債などを売却して、株式や対外証券投資に回してきたのです（図表１－９）。

大手生保各社も、運用を積極化させています。２０１８年３月期決算では、大手生保の外貨建て資産が大きく増加したことが明らかとなりました。長引く国内の低金利環境によって、外国債券への投資を増やす一方、ドル建ては米国の利上げを受けて為替ヘッジコストが上昇しており、ユーロ圏の国債などにも分散する傾向が見られています。

図表1-8　GPIFの運用資産内訳の変化と2014年以降のポートフォリオ

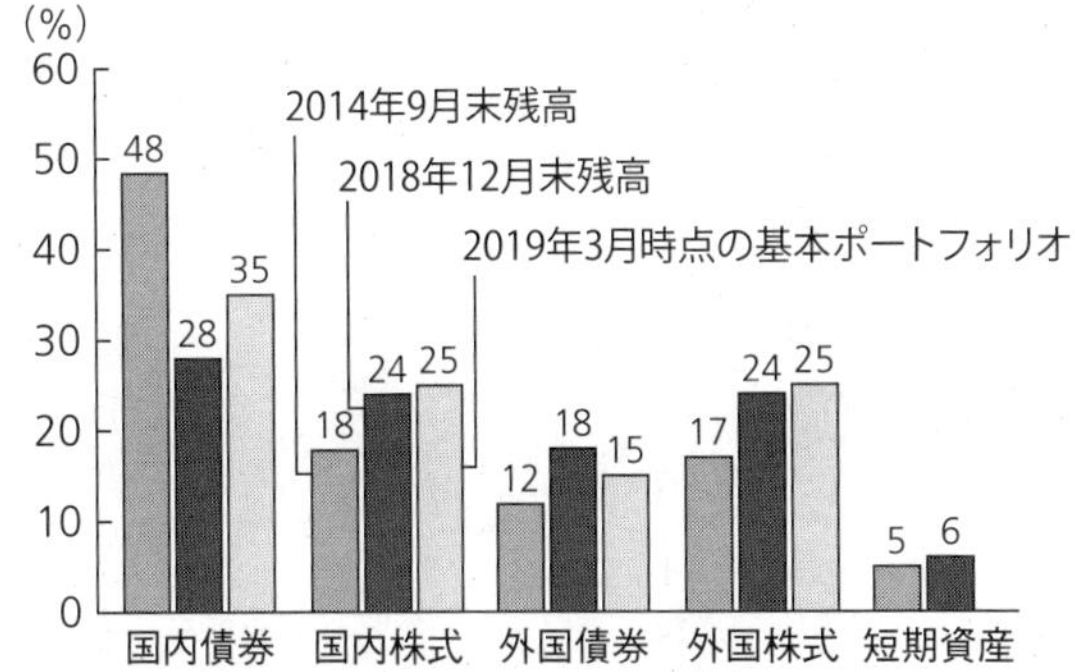

（出所）GPIF

図表1-9　公的年金の運用内訳の推移

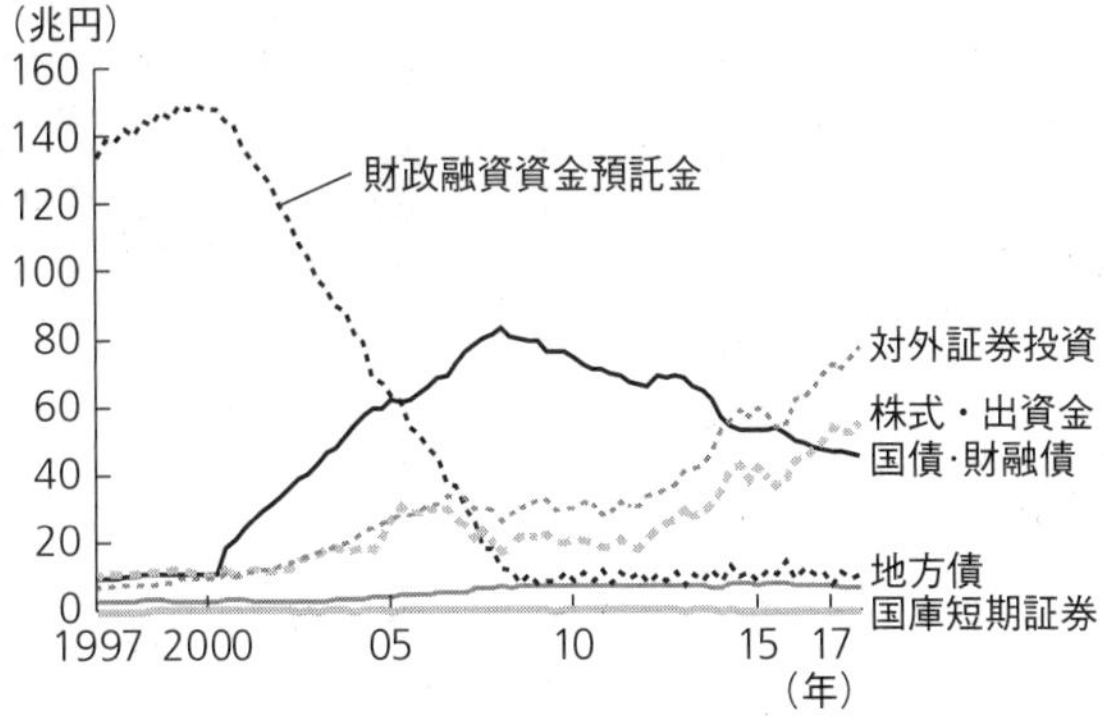

（出所）日本銀行「資金循環統計」

公表されたところでは、住友生命の外貨建て資産は18年3月末で約9兆2500億円と、前年比約26%増となり、一般勘定に占める割合も3割を超えました。また、明治安田生命も、2018年3月末の外貨建て資産は8兆5200億円と前年比6%増加。同年下期の運用計画でも大手生保10社中6社は、外国債券の運用を増やすとしています。

このように、まずは年金基金、機関投資家が安全資産からリスク資産へ、また国内から海外への「ポートフォリオ・リバランス」を徐々に始めています。この動きは今後個人投資家にも次第に広がっていくでしょう。

III　世界から見た日本円の価値

「リスク回避の円高」の正体とは

世界的に株価が暴落するような時、為替レートは円高に振れる傾向が見られます。これをよくニュースなどでは「安全資産である円が買われた」と解説します。「危機の円高」「リスク回避の円高」などと言われると、あたかも外国人投資家までもが、リスクを回避して円資産に逃げているように感じてしまいますが、本当にそうなのでしょうか。ここで一度「危機の円高」と言われるものの正体を分析してみたいと思います。

危機として典型的な2つの例を挙げてみましょう。1つは2001年9月11日に起きた、米国同時多発テロです。この時ドル円相場は1ドル＝122円台から117円台まで、直後に約5円の円高となりました。もう1つは、2011年3月11日に起きた、東日本大震災です。この時もやはり、1ドル＝82円台から76円台まで、約6円の円高となりました。いずれも同様に、ドル円が直後に5〜6円の円高となっているので、「リスク回避の円高」という一言で括られやすいのですが、マネーの流れとしては、この2つは全く異なっています。前者は、米国の金融センターが直撃を受けたテロでした。したがって、世界のマネーが米国から流出したため、「ドル全面安」となったのです。つまり、円に対してもドル安が進みましたが、他の通貨に対してもドルが大幅に下落しました。このことは、当時のドル指数（ドルの名目実効為替レート）がたった5日で116から111へと暴落していることをみても明らかです。

一方、東日本大震災は、日本で起きた危機だったにもかかわらず、なぜ円が上昇したのでしょうか。それは、日本人の投資マネーが、日本に戻ってきたからです。人間は危機の際に恐怖を感じると、現金を手元に持っておきたいと思うものです。外貨建ての株式や債券を持っていても、すぐに使うことはできないからです。２０１７年末における日本の対外資産負債残高は１０１２兆４３１０億円に上り、日本は27年連続で世界最大の債権国となりました。こうした海外への投資マネーが円転換されて日本に戻ってくる時の円高が、いわゆる「リスク回避の円高」と呼ばれるものです。

東日本大震災の時のドル指数を見てみると、77から75の推移に留まっており、ドル安というよりも円高圧力が強かったことが分かります。この時に金融市場で話題となっていたのは大手生保の動きで、莫大な保険金を支払うための手元流動性確保の目的で、海外資産を売っていたのではないかと噂されていました。これらの「噂」がさらに投機筋による円買いを加速させた面もあったと思います。

このように、海外から日本人のマネーが還流することが「リスク回避の円高」の正体なのです。加えて、日本は株安となって投資家のマインドが冷え込んでしまうと、海外に向かう投資マネーが細ってしまうことから、経常収支の黒字による円高圧力のほうが勝ってしまうというのも、リスク回避の際に為替が円高に振れやすい要因となっています。

外国人投資家は円を買っていない

それでは、外国人投資家の円資産に対する投資は、どのように行われているのでしょうか。個人投資家向けの資産運用セミナーなどで決まって聞かれるのが、「よく、外国人が日本株を買い越している、などと言われるが、この場合、皆が円を買っているはずなので、円高が進むはずではないか」という質問です。しかし、外国人投資家のほとんどが円を買ってはいません。円を買って株を買うのですが、同時に円を売って為替変動によるリスクはヘッジしてしまうのです。

たとえば、今の米ドル円相場が1米ドル＝100円だったとしましょう。日経平均株価が1万円だとすれば、米ドルに換算した場合（米ドル建て）の日経平均株価の価値は1万円÷100円＝100米ドルになります。そこで、アメリカ人投資家のジョンが100米ドルを1万円に替えて日経平均を買ったとします。

半年後そろそろ売ろうと思って相場を確認してみたら、日経平均株価は横ばいのままで1万円。一方、米ドル円レートは半年間に円安が進んで、120円になっていました。仮にその時、日経平均を売却して、これを米ドルに戻した場合には、1万円÷120円＝83米ドル、つまり日経平均株価は変わらないのに、100米ドルだったものが83米ドルに目減りしてしまうことになるのです。

これが為替変動リスクです。海外投資をする際、為替リスクを取って現地通貨建てで運用すると、現地通貨が上昇すれば為替差益が出る一方、下落した場合、為替差損を被ることになるのです。したがって、外国人投資家は円を売って米ドルを買い、為替のリスクを負わないようにしています。過去のような円高局面では、リスクヘッジは必要ない場合もありますが、特に「アベノミクス相場」は、株高と円安のセットですから、日本株が上昇するとの予想に基づき日本株投資をするならば、為替はほぼ100％ヘッジ(フルヘッジ)しておいたほうが安全です。

ここで、2005年1月を100として、日経平均株価と米ドル建ての日経平均株価をそれぞれ指数化し、値動きの推移を比較してみましょう。

米ドル建ての日経平均株価はまさに、為替ヘッジをしなかったアメリカ人投資家のジョンの視点です。一方、日経平均株価(円建て)は、米国の投資家にとってみれば為替リスクを排除した、インデックスそのものの値です。過去からのトレンドを見ると分かる通り、米ドル円が円高トレンドにあった際には、ジョンにとってみればヘッジなしのほうがメリットを享受できましたが、円安トレンドであれば、為替リスクはとらずに運

図表1-10　円建てとドル建ての日経平均株価の推移

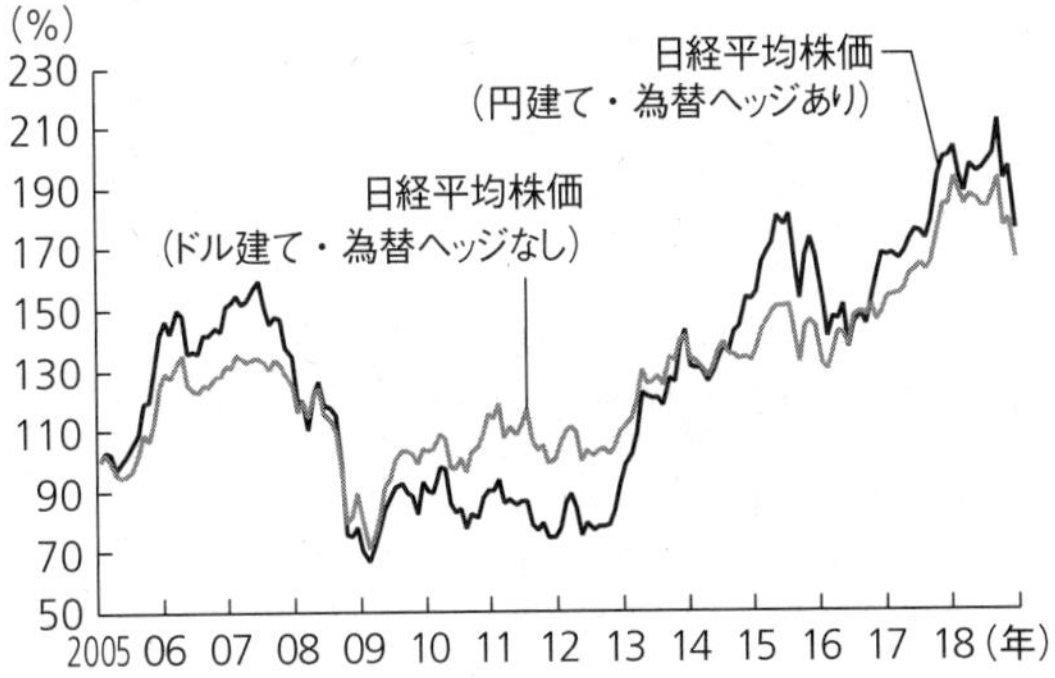

（出所）Bloomberg, SFH

用したほうが、パフォーマンスがよいことが分かります（図表1－10）。

先ほど説明した「リスク回避の円高」には、こうした外国人投資家の動きも一部影響しています。

先述したジョンが、為替は100％ヘッジしたうえで日経平均に投資しているとします。ある日、日経平均株価が1万円だったものが、8000円に下落したとしましょう。ジョンの投資元本が1万円から8000円に減ってしまったので、減少した2000円分は、為替ヘッジが不要になってしまいます。したがって、ジョンは2000円分の円買い米ドル売りをして、日本株投資の為替ヘッジ用に売っておいた円を買い戻すという行動に出ます。

株価が下落すると円高になるのは、一部はこうした外国人投資家による為替ヘッジの調整による円買いが発生していることも要因となっているのです。逆に株が上がれば、その分投資元本が増えているため、追加の為替ヘッジが必要となり、円売りが起こるのです。

円相場と株価の逆相関は続く

これまで見てきた通り、「リスク回避の円高」は、外国人投資家が日本に逃げ込んできて起こるものではありません。残念ながら円の「安全資産としての評価」はさほど高くはないのです。もちろん、日本は世界第3位の経済大国であり、円は市場での流動性も高いため、米国を震源地とした金融ショックの時や、新興国市場が荒れているときに、一時的に円を買って短期国債などに投資するなど、「一時避難」的に円が買われる面もあるでしょう。

しかし、「リスク回避の円買い」の正体は、①**より高い金利を求めて海外投資をしている日本人と、②低金利の円を売って高金利通貨に投資している外国人、による「円の買い戻し」、③日本株に投資している外国人投資家による為替ヘッジはずし、**などであ

図表1-11　日経平均と円相場の逆相関

って、新規投資による円買いではありません。日本は1999年からほぼゼロ金利の状態が続いていて、これが金利差を求めた円売りを促し、結局は「リスク回避の円買い」の原因になっています。

したがって、日経平均株価と円相場の逆相関は最近始まったものではなく、実際には20年ほど続いているのです（図表1－11）。

「円の価値」について考える際、日本がマイナス金利かつ量的緩和を実施している国であるということは重要なポイントです。仮に今後日銀が利上げできるような経済状況になり、日本円に「金利」という、投資先としての「価値」がつくようになった際には、この日本株と円の逆相関にも変化が見られるでしょう。

その時には日本株が上昇した際に、今のような逆相関ではなく、ポジティブに円が買われるような相場が来るかもしれません。しかし、現状のような金融緩和策が継続する間は、円相場と株価の逆相関が続くでしょう。

家計貯蓄率の低下が財政危機を招く

今後10年、20年というスパンで円の価値を考える時には、構造的な問題にも目を向ける必要があります。構造問題は長期的な通貨のトレンドに影響を及ぼすからです。

たとえば、発足後に10年間かけて上昇トレンドを続けたユーロの対米ドル相場は、2008年の1・60米ドル台の高値をピークに長期の下落トレンドに入りました。これは、ユーロ圏19カ国で1つの通貨、1つの金融政策を採用している一方で、各国のサイフ、つまり財政政策はバラバラであったという経済の構造的な問題がギリシャショックをきっかけに露呈し、その後も続いていることが要因です。

一時は米ドルに次いで「第2の基軸通貨」とまで言われたユーロの信用力が回復するには、ユーロ圏各国の財政の健全化とともに、各国に共通する財政の遵守が必要であり、それにはかなりの時間を要するでしょう。一方、**円相場に最終的に影響を及ぼしそうな日本の構造問題と言えば、少子高齢化が挙げられます。**

図表1-12　日米独の貯蓄率の推移

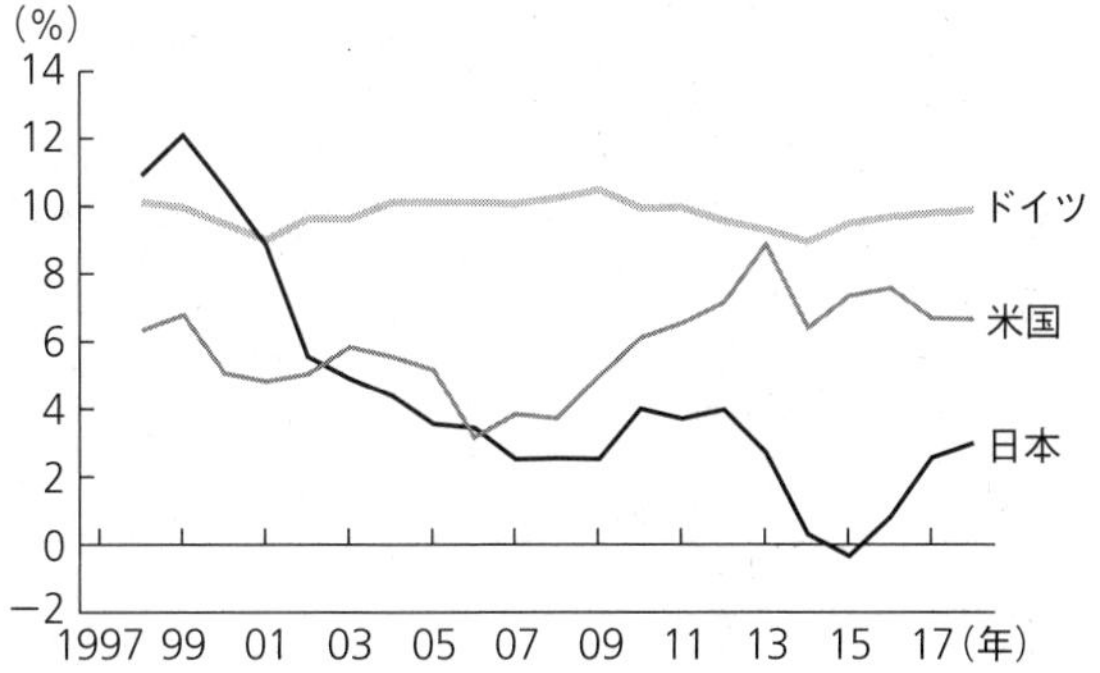

（出所）OECD

まず、少子高齢化によって日本で起きていることは、高齢化による家計貯蓄率（家計の可処分所得に対する貯蓄）の低下です。年をとって定年を迎え退職したら、年金収入以外は貯蓄を取り崩して消費することになります。

生産年齢人口（15～64歳の人口）は2000年代に入って加速度的に減少しており、総人口に占める割合は、2000年の68・1％から、2018年には60％まで減少。8600万人から7500万人へと大幅に減少しました。こうしたなか、日本では貯蓄率の低下が続き、2014年には史上初めてマイナスになったのです。このことは、将来の財政不安につながる可能性を秘めています（図表1－12）。

貯蓄率の低下による財政問題を考えるには、**貯蓄投資バランス（ＩＳバランス）**が参考になります。ＩＳバランスとは、経済の各主体（家計、企業、政府、海外）の間での資金の過不足を把握するもので、国内の資金過不足は海外の資金過不足と表裏一体であることを示しています。

端的に言えば、国内（民間と政府）で資金が余っていれば、対外的（経常収支）にも黒字となる一方、国内で資金が足りなくなれば、対外的には赤字になるということを示します。

【ＩＳバランスの考え方】
民間部門(家計＋企業)の資金過不足＋政府部門の資金過不足
＝海外部門の資金過不足(＝経常収支)

これを日本のケースに当てはめると、財政赤字、つまり政府部門の資金不足が肥大化していますが、それを家計と企業、すなわち民間の資金余剰で賄ってきました。家計や企業が支出に回さず貯蓄した余剰資金が、金融機関の国債投資を通じて、財政赤字をフアイナンスしており、さらなる余剰資金が経常収支の黒字となって、海外への投資に向かっているのです。

【日本のISバランス】
民間部門の資金余剰＋政府部門の資金不足＝経常黒字

これまで日本国債の暴落はないとされてきたのは、日本国債を保有している投資家の約94％が日本人だからです（内訳：日銀45・7％、民間銀行など41・2％、海外5・9％、その他7・2％）。ギリシャ国債のように約8割を海外勢が保有していたのとはまったく異なる状況であることが、「日本国債は売られない。日本からの資金逃避は起きない」という安心材料になってきました。

しかし、高齢化によって貯蓄率の低下が進むと、民間の資金余剰では政府部門の資金不足を賄えなくなります。それでも外国人投資家が日本国債に投資してくれるうちはいいですが、海外勢の国債保有率が高まっていき、あるとき格下げなどによって財政不安が高まれば、日本国債の投資資金が海外へと逃避するなか国債の価格が暴落し、長期金利が急騰し円が急落するなど、財政危機に発展する可能性が生じます。

貯蓄率の低下に伴って民間部門のＩＳバランスが赤字になるということは、国内が資金不足になるわけですから、経常収支も赤字になります。国際通貨基金（ＩＭＦ）は、日本の経常収支がいずれ、恒常的に赤字化すると予想しています。経常収支が赤字ということは、日本から海外への支払いが収入より超過している状態ですから、それ自体が円安要因となります。また、経常赤字の状態が長引けば、仮に国債価格が急落した際には、資金逃避によって極端な円安となる可能性も高まるのです。

【日本の将来のＩＳバランス（予想）】
民間部門の資金不足＋政府部門の資金不足＝経常赤字

各国政府の公的債務残高（国の借金）と財政収支のＧＤＰ比を見ると、図表１－13のような分布になります。日本の借金のＧＤＰ比はギリシャよりも高く、日本の財政状況が突出して悪いことは明らかです。しかし、ギリシャと日本では経済規模も構造も異なるため、比較して「日本も危ない」とは言えません。

図表1-13　各国政府の借金と財政収支GDP比の分布図

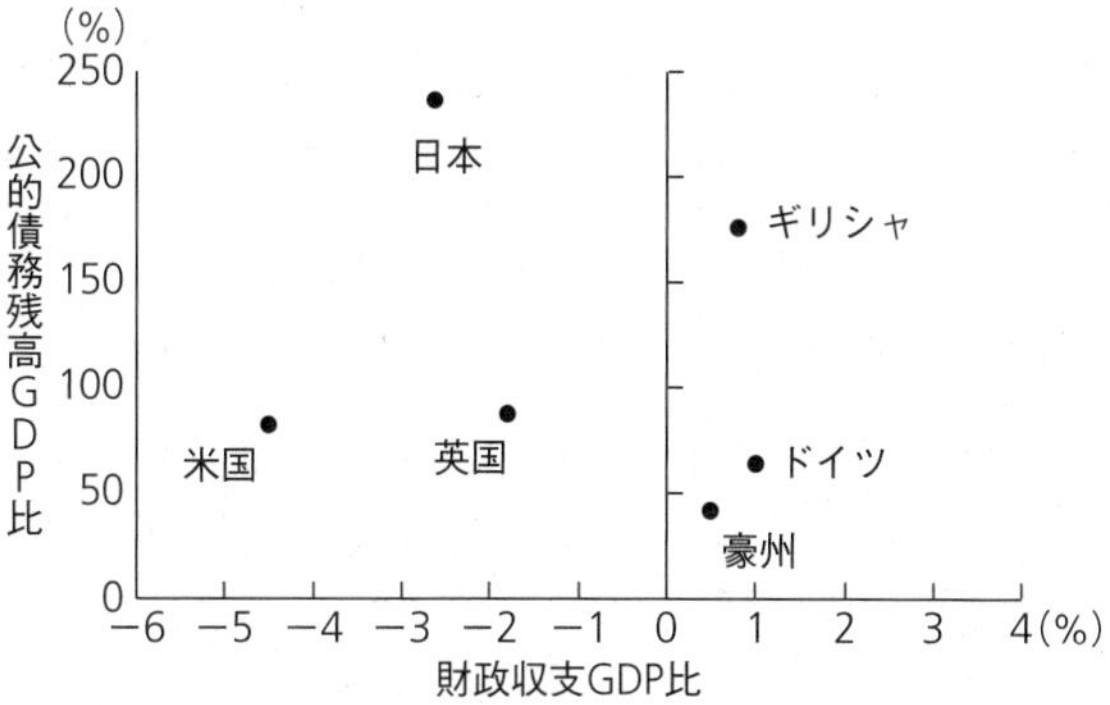

（出所）OECD

ギリシャは観光業がメインであり、日本のような輸出産業が少ないこと、国債の保有者がほとんど海外勢であること、ユーロ圏に参加しているため、自国の通貨下落による経済の押し上げ効果が見込みにくいこと、などがギリシャ危機の根底にあります。これらの構造は当面変わらないので、ギリシャではしばしば財政危機が起きる状況が今後も続きそうです。

財政再建に時間はない

ただ、GDP比230％の債務を抱える日本についても、あまり時間は残されていないのも事実です。米コロンビア大学の伊藤隆敏教授は、著書『日本財政「最後の選択」』で、日本の財政が維持できなくなる、すなわち財政危機に陥るのはいつか、さまざまなシミュレーションを行っています。この場合の「財政危機」の定義を、「民間（企業＋個人）の貯蓄だけでは、政府の資金不足を賄いきれなくなる時」としています。

これによると、消費税率が10％まで引き上げられ、その後据え置かれた場合、2％の成長率を達成したとしても、2020年代前半には財政危機に陥ると予測されています。もし、2020年までに消費税率を15％まで引き上げた場合には、経済成長率などの諸条件次第で財政危機に陥るかどうかが決まります。さらに消費税率20％まで引き上げると、こうした諸条件の如何にかかわらず、財政危機の回避がほぼ可能になるという結果が示されているのです（注4）。

また、増税と同時に、急増する社会保障費を抑制することも必要です。2018年度の一般会計予算は98・6兆円。そのうち32・9兆円、約3割が社会保障費に充てられています。社会保障費は1990年度が11・5兆円。以来、高齢化により約30年で約3倍となりました。ただ、社会保障を削ることはメリットを享受できなくなる有権者が多いなか、政治的には非常に難しい判断と言えるでしょう。

円暴落で私たちの生活はどうなるか

歳出と歳入の両サイドから財政再建に取り組めば、「財政危機」を未然に防ぐことも可能です。また、日本の経常収支が黒字を保ち、国債も94％を日本国民が保有している今、明日にも財政危機が迫っているような論調は、人々の不安心理をやや煽りすぎだと言えるでしょう。

ただ、将来経常赤字が恒常化すると見られるなか、財政問題に目を向けずそのまま放置すれば、そう遠くない将来、危機が起きるリスクがあることも、認識しておく必要があります。

その時、円相場はどこまで下落するのか……。メキシコやロシア、アルゼンチン、ギリシャといった、これまでに財政危機に陥った国々の通貨の対米ドルの値動きを、危機発生時を100として見てみると、図表1－14のようになります。ご覧のように、1年後にはほとんどの通貨が半分以下の価値になってしまいました。2009年のギリシャはユーロ圏ですから、通貨ユーロはその他の通貨ほどは下落しませんでしたが、それでも約2割下落しています。

日本の場合は、これらの新興国と違って、潤沢な外貨準備があるため、通貨防衛のた

図表1-14　財政危機に陥った国々の通貨の推移

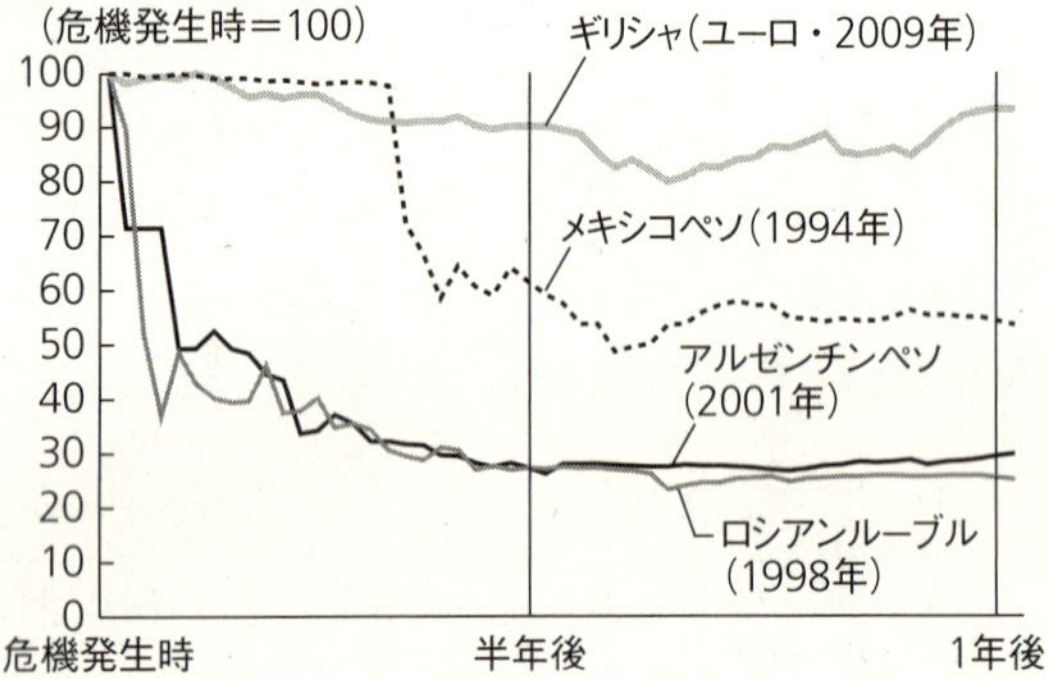

(出所) Bloomberg, SFH

めに介入などで円を買い支えることは可能です。ただ、もしも将来財政危機が起きて、株安・債券安・通貨安のトリプル安となった場合、円の価値が半分になったとすると、仮に110円を起点として1米ドル＝220円まで円安が進む計算になるのです。

もしもそうなったら、私たちの生活には何が起こるのでしょうか。まず、円の暴落によってエネルギー価格、食料品や資材など、輸入物価がことごとく急騰。米ドル建ての輸入なら、1米ドル＝220円であれば、2018年に1米ドル＝110円で買えた値段の2倍を払わないと輸入できなくなるのです。エネルギー、食料品や資材の価格が上がれば、当然、国内の物価も急騰し、とんでもないインフレが起こります。

仮に山手線の初乗りが140円（IC乗車券以外）から280円に、タクシーのワンメーターが700円から1400円に、25万円の航空運賃が50万円に一気にはね上がったらどうなるでしょう？ 財政危機が起きてインフレになった時、賃金が上昇しているとは考えにくいですから当然人々は消費しなくなり、景気は著しく悪化するはずです。

円が安くなるのは、緩やかなペースであれば輸出競争力を高め、海外からの旅行客増加によって消費が促されますし、株高による資産効果で個人消費が刺激されるなど、日本経済にとっては良い面があります。

しかし、「円の暴落」となると話は別です。輸入物価が急騰して、賃金の上昇を伴わない悪いインフレが進み、国内経済にはマイナスの影響をもたらします。円の価値が急激に落ち、海外から物が買えなくなる、すなわち国際的に見て日本の購買力が急速に低下することは、国力の低下を意味するのです。財政危機はメインシナリオではありませんし、想像したくはないですが、こうした将来の不安を取り除くためにも、足元の財政改革は必須だと言えるでしょう。

本書でインタビューをさせていただいた富裕層の方々が、将来の不安として共通して挙げていたのは日本の財政問題でした。そして、全員が米ドルを保有しているのも事実です。もちろん我々日本人のほとんどは日本で暮らしているのですから、危機に対する備えとして大事なのはまず生活資金は円で持っておくこと。しかし、運用に回せる余剰資金については、通貨のリスク分散という観点からも、一部米ドルなど外貨建ての資産を保有するのが望ましいと言えます。

注1　日本経済新聞電子版（2018／9／10）
注2　東洋経済オンライン（2018／9／17）
注3　日本経済新聞（2018／12／12）
注4　伊藤隆敏『日本財政「最後の選択」』（日本経済新聞出版社）25ページ

第2章　米ドルを持つことの意味

I　なぜ、米ドルなのか

33年ぶりの高値を付けた米ドル

２０１８年11月、ドルの名目実効為替レートが１９８５年以来33年ぶりとなる高値を付けたことが話題になりました。名目実効為替レートとは、円に対する米ドル、ユーロに対する米ドル、といった1通貨に対する米ドルのレートではなく、複数の通貨に対する米ドルの価値を総合的に示すものです。２０１３年、当時の米連邦準備制度理事会（ＦＲＢ）議長だったベン・バーナンキが、量的緩和を縮小する方向性を示したことで米株価が急落したことをバーナンキショック、別名テーパータントラムなどと呼びます

図表2-1　33年ぶりに高値をつけたドルの名目実効レート

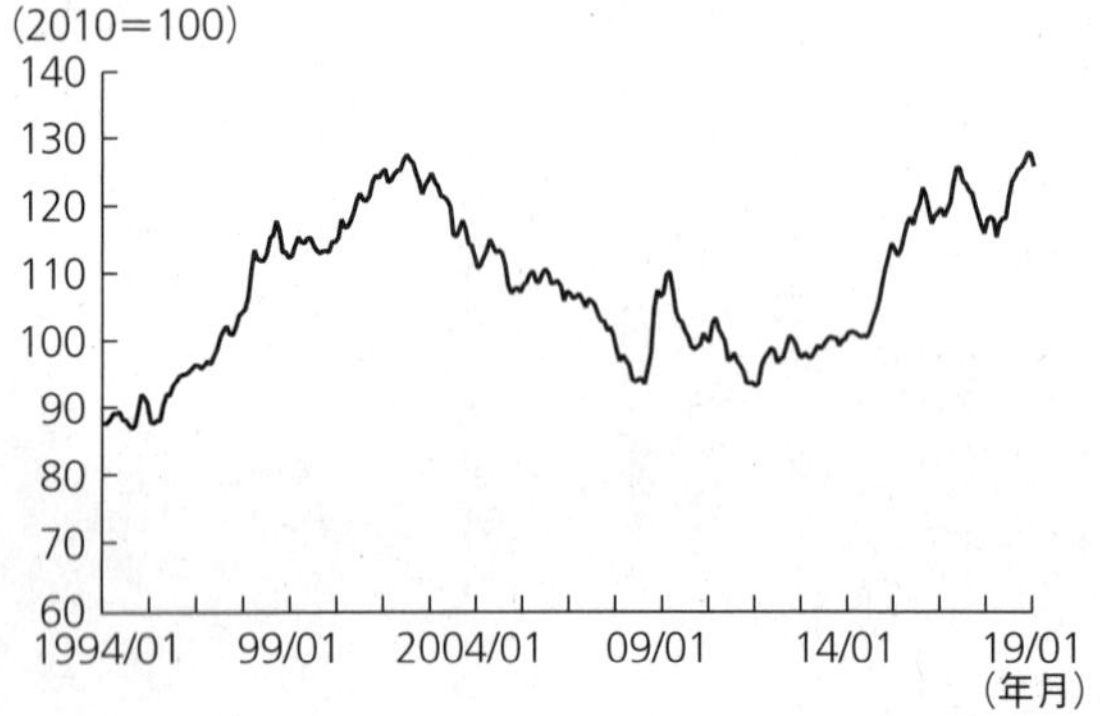

(出所) BIS

が、この一件以降、FRBの金融緩和からの「出口戦略」に注目が集まるなか、米ドルの上昇は続きました。

日本では、アベノミクスのもと、黒田日銀総裁が徹底した緩和策を実施するなか、大幅に円安が進んだことや、欧州中央銀行(ECB)の量的緩和によってユーロ安が進んだことも米ドル相場を押し上げました。2015年12月、FRBはいよいよ9年半ぶりとなる利上げを決定。2008年のリーマンショックから、米国経済がしっかりと立ち直ったことが確認された瞬間でした。

その後、2016年11月の米大統領選挙では、大方の予想に反して共和党候補のドナルド・トランプ氏が勝利するなど、政治的には数々の波乱もありましたが、米ドルはこの間も上昇を続け、2011年の安値から比較すると約35％もの上昇となったのです。

物価の下落、すなわちデフレ圧力から何とか脱却しようと積極的に金融緩和を行う日・欧の中央銀行と、緩和からの出口に向かおうと利上げを始めた米連邦準備制度理事会（FRB）との金融政策の格差によって、世界のマネーは米ドルに向かいやすい環境となったのです。

「川は低いほうに流れるが、マネーは金利の高いほうに流れる」

新卒の頃、為替ディーラーの先輩が最初に教えてくれたことです。金利面で優位な通貨に投資マネーが集まるのは自然なことだと思います。

外貨準備の通貨は米ドルが過半

ただ、こうした米ドル相場の振幅とは関係なく、**各国の中央銀行は外貨準備として米ドルをもっとも多く保有しています**。外貨準備とは、各国の通貨当局が自国通貨急落の際にこれに歯止めをかけるため、自国通貨を買い支える為替介入に使用する資金であるほか、通貨危機などにより他国に対して外貨建て債務の返済が困難になった場合に使用

図表2-2　世界の通貨別の外貨準備高

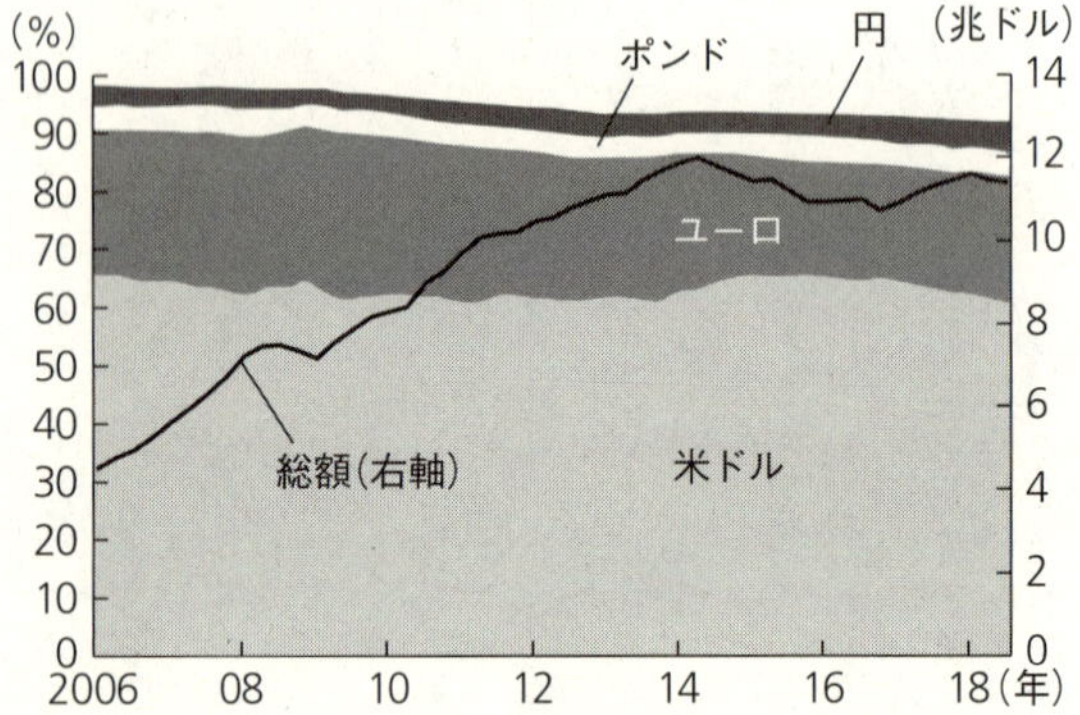

(出所) IMF

する準備資産です。

世界の通貨別の外貨準備高の推移を見てみると、米ドルが全体の6割保有されている状態が続いている一方で、ユーロは1999年の発足以降一時的に保有率が3割近くまで増えたものの、ギリシャショックなどの債務問題が明るみに出た2010年以降は、保有率が徐々に減らされていることが分かります(図表2－2)。

この間米ドル相場も大きな振幅がありましたが、米ドル相場が上がろうが下がろうが関係なく、各国が「イザ」という時の資金として米ドルをもっとも多く保有しているのは、まさに米ドルに基軸通貨としての価値があるからなのです。

「基軸通貨としての価値」とは、何か決められたルールがあるわけではありませんが、第一に、世界中で流通している通貨であること。たとえば一部の新興国では、現地通貨の信用力が低いために、米ドルでの支払いが好まれるケースもあります。第二に、為替の取引量がもっとも多く流動性が高いこと。米ドルを介した為替の取引量は全世界で行われている為替取引のうちの85%を占めています。第三に、貿易決済に用いられること。たとえば原油や金など、商品取引は価格も米ドル表示であり、貿易決済にも米ドルが使用されています。これらの条件をすべて満たすのは今のところ米ドルしかありません。

発足直後は「第2の基軸通貨」とまで呼ばれたユーロの信用力は、ギリシャをはじめとする欧州債務問題や、直近ではイタリアやフランスの財政問題もあって今や低下しています。一方、世界第2位の経済規模を誇る中国の人民元はと言えば、一時は国際化が期待されたものの、資本規制によって基本的には海外で自由に取引できないなど、基軸通貨としての条件を備えていない状況は変わらず、米ドルをしのぐ存在になるのは当面難しそうです。となると、**世界で信用力が「相対的にもっとも高い」のは米ドルであるという事実は変わらないのです。**

トランプリスクに注意は必要

しかし、いずれドル安の要因となり得る、不透明要素がいくつか見られ始めているのも事実です。最大のリスク要因と言えば、「トランプリスク」です。2017年に発足した米国のトランプ政権は、大統領自身の振る舞いや発言、SNSでのツイートやメディア叩きから、対中、対北朝鮮政策に至るまで極めて「異例」続きでした。保護主義による米中貿易戦争の激化や、米ドル高牽制など、しばしばドルが下落する局面もありましたが、米国経済の堅調さと米株高、緩やかな米金利の上昇などにより、これまで「トランプリスク」は見えづらかったと言えるでしょう。しかし、2018年10月以降の米株安や、米国の景気減速懸念が広がるにつれて、「トランプリスク」がこれまでよりも目立ちはじめました。

たとえば、第一に米連邦準備制度理事会（FRB）の独立性が挙げられます。2018年後半、米国の利上げ継続に対して株式市場が徐々に神経質になるなかで、トランプ大統領は「FRBは利上げを止めるべき」との牽制発言を繰り返すようになりました。極め付けは12月の米連邦公開市場委員会（FOMC）でこの年4度目となる利上げが決定された後、米株式市場が崩れ始めると、「トランプ大統領がパウエル議長の解任を検討している」との報道が世界を駆け巡り、これがさらに米株価を押し下げました。

FRBなど、世界の中央銀行は一般的に「独立性」を有しており、政府（大統領、首相、財務大臣など）が、中央銀行総裁を勝手に罷免できないのはもちろんのこと、その金融政策（とくに政策金利の水準や引き上げ、引き下げ）について「圧力」をかけたりはしないことになっています。これは主に、金融政策が政治的に利用されないようにすることを目的としています。

FRB関連法は、「正当な理由があれば」大統領が理事会メンバーを解任できると定めており、もちろん何らかの不正や違法行為を行った議長に関しては、解任できることになっています。しかし、世界最大の経済大国である米国の中央銀行で、大統領の身勝手な考えによってFRB議長が解任させられる事態となれば、FRBの独立性が損なわれることになり、市場は大きく動揺することになるでしょう。

第2に、2018年末から続いた政府機関の一部閉鎖が挙げられます。トランプ大統領はメキシコとの国境の壁建設費用50億ドル（約5500億円）の予算を巡り野党と対立。2018年11月の中間選挙を経て米国議会は上院が共和党、下院は民主党が過半数を占めるねじれ議会となったことで、予算案が可決されなかったため予算が失効し、政府機関の一部が年末年始閉鎖される事態となりました。こうした政府機関の一部閉鎖をもいとわないトランプ大統領の政策は、米国政府の信認を低下させる要因にもなりかねません。

さらに、これまで景気が良好だったにもかかわらず拡張的な財政政策を行ってきたことにより、今後は財政赤字拡大の懸念もくすぶるようになるでしょう。また、2018年から深刻化した米中貿易戦争など、トランプ政権の保護主義が強まるにしたがって、このことが米国経済自体に悪影響を及ぼす可能性も浮上しています。

もしこうした「トランプリスク」が顕在化したり、米国経済が景気後退に入るようなときには、米ドルが下落トレンドに入る可能性もありそうです。実際、過去の米ドルのトレンドを見る限り、FRBが長期の利上げサイクルに入ると米ドルも上昇トレンドとなり、だいたい5年から7年程度、米ドル高局面は続き、その後5〜6年下落トレンドに入る傾向が見られます（図表2－1）。

実際、2000年以降の外貨準備の動きを見てみると、その兆候は見られます。国際通貨基金（IMF）が2015年6月30日に公表したデータによると、世界の外貨準備高（IMFに残高、および通貨の内訳が報告されているものの合計）は約10兆ドル。

2000年3月末時点の1・5兆ドルから6・6倍に増加しています。同時に、世界の米ドル建ての外貨準備高も、1兆ドルから6・6兆ドルへと増加しました。このように、世界の外貨準備の保有高は、為替相場に関係なく伸び続けていますが、実は、米ドル建ての外貨準備の割合は、このところ少し変化が見られています。

2000年以降の動きを見ても分かる通り、米ドル建ての外貨準備が世界の外貨準備に占める割合は、米ドルの名目実効為替レートと連動してきました。米ドルの価値が上昇すればドルの保有割合が高まる一方、米ドルが下落すれば割合は低下するからです。しかし、その後米ドルは上昇し続けたにもかかわらず、2015年3月末の66%をピークに、特に2016年12月末以降ドル建ての外貨準備が占める割合は減少していき、2018年9月末時点では約62%まで低下しています。一方、同じ期間でユーロ建ての割合は19%から20・5%へ、円建ては3・5%から5%へと増加しました（図表2－2）。

これには主に三点ほど要因が挙げられると思います。第一に2016年の大統領選でトランプ候補が勝利したのをきっかけに、米国の政治に対する不透明感から、各国が外貨準備を米ドルから他通貨へと、徐々に分散し始めた可能性が挙げられます。第二に、米国の利上げによって米ドル高・新興国通貨安が進行したため、新興国各国が米ドル売り自国通貨買いの為替介入を行ったこと、第三に、中国の動きも重要なファクターと言えそうです。中国は景気減速のなかで対米の貿易戦争が激化しており、人民元相場を支えるためのドル売り人民元買い介入を実施するとともに、外貨準備も米ドル一極集中から徐々に分散するようになった可能性が挙げられるでしょう。

それでも今なお、世界の外貨準備の約6割が米ドルに集中していることに変わりはありませんが、今後、トランプ政権によって米ドルの信認が揺らぐことがないかどうか、引き続き、注意深く見守りたいところです。

万一のときに頼れるのは、やはり米ドル

しかし、「有事のドル買い」という言葉もある通り、万一の時に頼れるのは、やはり米ドルと言えるでしょう。1998年8月の米国巡航ミサイルによるアフガニスタン空爆の時や、2001年10月の有志連合軍によるアフガニスタン空爆の時もそうでしたが、戦争となると、米ドルとスイスフランが上昇しやすくなります。米国は世界最強の軍を誇る国家であること、スイスについては永世中立国であることから、戦争に巻き込まれ

ないことなどが背景です。

２００７年のサブプライムショック、２００８年のリーマンショックと、百年に一度と言われる米国発の金融危機が世界経済を襲いました。この結果、為替市場ではリスク回避の動きから、円が最も上昇しました。これは、米金融危機が発生する前、まだ米国をはじめとした世界経済が良好だったときに積み上がった、「円キャリー取引」の巻き戻しが起こったからです。

「円キャリー取引」とは、ほぼゼロ金利の円を借りてきてこれを売り、米ドルや外貨に投資する手法で、通貨間の金利差を狙った取引です。これにより、当時投機筋などによる円の売り持ち（円売りポジション）が積み上がっていたため、金融ショックによって一気にこのポジション調整が起こるなか、円が買い戻されたのです。

図表２－３は、過去に起こった危機の際に米ドル、円、スイスフランがそれぞれどのように変動したかを、各国の名目実効為替レートによって示していますが、リーマンショックの際には円が最も大きく上昇しています。しかし危機直後は円だけでなく、危機の震源地であるはずの米ドルも買われていたことが分かります。リーマンショックによる金融市場の混乱を収めるため、米連邦準備制度理事会（ＦＲＢ）によってその後量的

図表2-3　円、スイスフラン、米ドルの名目実効為替レート

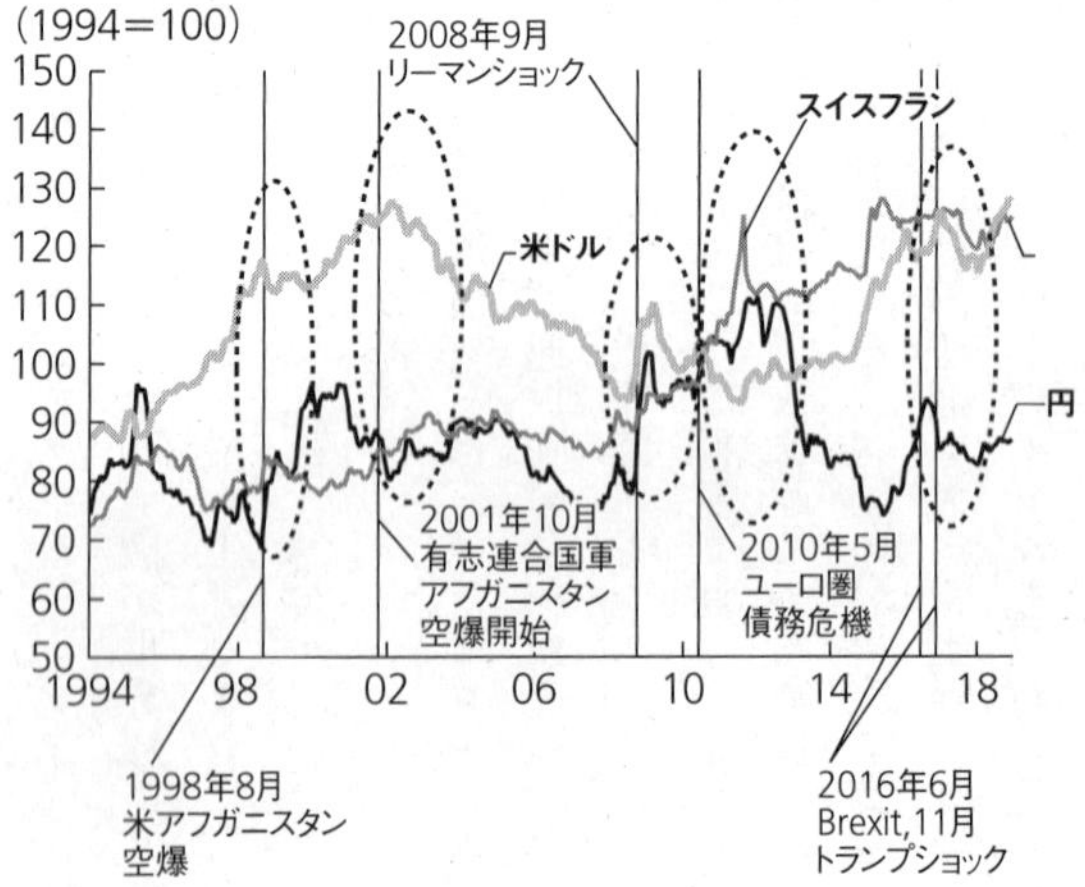

（出所）BIS

緩和策が第1弾から第3弾まで実施されたことで米ドルの供給量が拡大するなか、結局は米ドル安が進みました。

しかし、危機発生直後の円と米ドルの動きを見ると分かる通り、米ドルもリスク回避の際に上昇する通貨なのです。対円相場で見たときには、当時高金利通貨だった豪ドルの下落がもっとも激しく、3カ月後には約50％も下落しましたが、同じ期間の米ドル円は、18％程度の下落に留まっています。したがって、米ドルは我々日本人にとっても、外貨の中では最も安定した通貨と言えるでしょう。

個人投資家にとっての米ドルの魅力

基軸通貨としての信頼性や、今後政策金利が引き上げられる可能性があることに加え、日本の個人投資家にとっては以下の点が米ドルの大きな魅力と言えるでしょう。

①流動性が高いことから、売買がしやすい
②米ドル建て金融商品は、他の外貨建て金融商品に比べると選択肢も多い
③米ドルは海外でそのまま使用することができる

相場が急落している時であっても、外貨を売りたいと思ったらすぐ売れると思いがちですが、そうとは限りません。流動性の低い通貨だと、何かのニュースで売りが殺到した場合に買い手がなかなか現れず、売りたくても売れないこともあるのです。相場が暴落しているなか売ることができず、ようやく売れたときには思っていたレートよりも大分安くなってしまうことは、高金利通貨や新興国通貨など、マイナーな通貨ではよくあることです。

その点、米ドルは世界中で貿易決済などにも使用されている基軸通貨ですから、急落しても、たとえば日本の輸入企業など、いずれにせよ実需で米ドルを買わなければならない企業や、安値での米ドル買いを狙っている投資家などが買い手として現れるので、流動性の低い通貨に比べれば、売りやすいのは確かです。

また、こうした流動性の高さや投資家の需要の高さから、外貨建ての投資信託のなかでは、米ドル建てのラインナップが多くなっています。

さらに、これは金融機関のサービス次第でどこでも可能なわけではありませんが、米ドル預金はそのまま海外で使用することも可能です。米ドルを保有していれば、米国に旅行した際に米ドルで引き出すこともできますし、最近では米ドルの外貨預金から米ドルのまま引き落とせるクレジットカードやデビットカードなども発行されていますので、それを使えば、為替レートを気にせず、米ドルのまま預金を使うことが可能です。

II　米ドルの歴史

米国の政治判断による相場の大転換

米ドルについて、ここで簡単に歴史をひもといてみましょう。

米ドルは1945年、ブレトンウッズ体制の発足とともに世界の基軸通貨となりました。太平洋戦争が終戦を迎えた直後は、世界の貨幣用金の3分の2が米国に集中していたと言われています。それまでは英国ポンドが世界の基軸通貨でしたが、米国の圧倒的な金保有と経済力によって、米ドルは金と一定のレート（金1オンス＝35米ドル）で交換できるという「信用」をもとに、米ドルを軸にIMF加盟国の為替レートが決まっていきました（たとえば、この頃の米ドル円レートは1米ドル＝360円に固定）。まさに、国際金融市場において、世界の覇権が英国から米国に移った時代と言えるでしょう。

以来、米ドルは世界の基軸通貨としての地位を維持していますが、このために**米国の都合や、米国の政治的な判断で相場の大転換が起きたケースが歴史上しばしば見られるのも事実です。**

たとえば1971年のニクソンショック。1960年代の米国経済は、ベトナム戦争の影響などもあり停滞していました。投資マネーも米国から欧州への流れが活発化し、欧州各国が米ドル買い介入によって固定相場を維持しようとするなか、介入によって取得した米ドルを金に交換する動きが加速したため、米国は深刻な金不足に陥りました。金と交換できるという米ドルの信用に基づいたブレトンウッズ体制の根幹が、米国の金不足によって崩壊するという危機を迎え、1971年8月、米国のニクソン大統領は金と米ドルの交換を一方的に停止することを発表しました。これが、いわゆる「ニクソンショック」です。

この後、米ドルはなし崩し的に変動相場制に移行していくことになりますが、大幅な米ドル安によって、当時高度成長期で勢いづいていた日本や欧州の景気に悪影響が及んだ一方、米国産業の優位性は保たれました。

1975年には証券改革法が施行されるなど、米国版の「金融ビッグバン」と呼ばれる金融規制緩和や証券市場の効率化などさまざまな制度改革が行われていきます。1970年代後半は、米ドル安による輸入物価の上昇とオイルショックが米国経済に深刻な「インフレ」をもたらすようになりました。すると、米国政府は、今度は「米ドル高政策」に転じます。「強いアメリカ」を掲げて米ドル安を阻止しようと、FRBが金融引き締めに動いたため、米ドルも反転上昇したのです。

1980年代に入ると、米国では金利高と米ドル高によって国内の投資が手控えられたうえ、貿易赤字を主体に経常赤字が拡大。経常赤字と財政赤字の「双子の赤字」に苦しめられます。その是正に向けて、大幅な米ドル安政策が打たれます。これこそ、有名な1985年のプラザ合意です。ニューヨークのプラザホテルに日米英独仏5カ国の蔵相・中央銀行総裁が集まり、協調介入によって米ドル高を是正することで合意しました。

この後、1990年代のクリントン政権時代には、世界中から米国へ投資資金を集中させ、資本コストを低下させることで、投資や消費などの内需を拡大させる政策に転換。このためルービン財務長官が「強い米ドルはアメリカの国益」と決まり文句のように述べ、米ドル買い介入が実施される「強い米ドル政策」が打たれます。

その後、2000年代にもいろいろなことがありましたが、もっとも象徴的だったのは、サブプライムショック、リーマンショック後の量的緩和策でしょう。米国の金融危機発生後にバーナンキ米連邦準備制度理事会（FRB）議長のもと、米国史上初のゼロ金利政策、及び量的緩和策が導入されました。これによって米ドルが大幅に下落したことは記憶に新しいところです。米政府が方針として明らかにしたわけではありませんが、結果的にこの量的緩和は「米ドル安政策」だったと言えるでしょう。

この後2011年には1米ドル＝75円台まで円高が進み、特に米ドル安の影響が大きかった新興国からは、米ドル安に対する批判や不満の声が高まっていきました。それでも米国の量的緩和は続き、徐々に米国の景気は回復。2015年には先述した通り、FRBが9年半ぶりの利上げを決定。その後緩やかに利上げは継続し、金融危機後の緩和策からの出口に向かう流れが進んでいます。

ドル主導の相場展開は続く

このように、戦後の国際通貨制度において、為替のトレンドの大転換になるような政策判断は、ほとんど米国によって行われてきました。それだけ米国の世界経済に対する影響力は大きいのです。

「**アメリカがくしゃみをすると日本が風邪をひく**」とよく言いますが、今や影響は日本

図表2-4　米国と世界各国のGDP推移

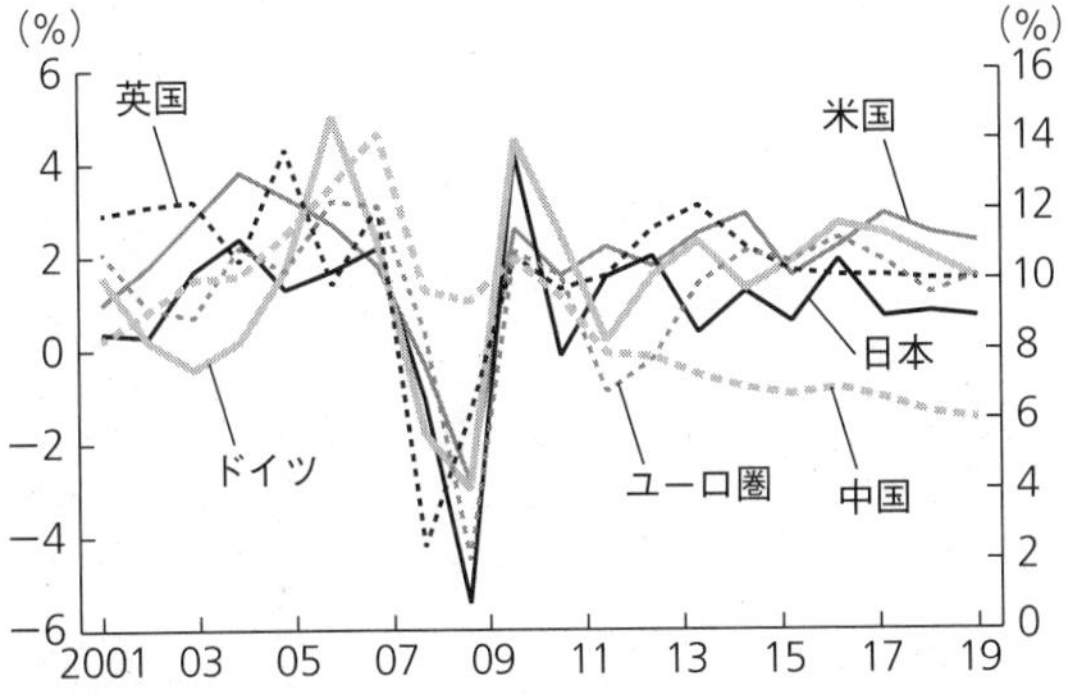

（出所）IMF

に留まりません。「グローバルマネー」の時代、世界中を国境なくマネーが飛び交うなかで、もはや「アメリカがくしゃみをすると世界が風邪をひく」と言うほうが適切だと思います。これまでの米国と世界のGDP成長率を比較してみるとそのことを如実に窺い知ることができます（図表2－4）。

米国の都合によって米ドル安がもたらされても、その後米国の景気が回復すれば、グローバルマネーは米国に向かいます。直近では2007年の米国金融危機以降のように、一度は大幅に米ドル安が進んでも、金融緩和と通貨安の恩恵によって米国景気が回復し、利上げが実施されると、結果的にこれに連れて米ドルは反転・上昇してきました。

今後も世界経済が米国を中心に回り続けるとすれば、資産の一部として米ドルを保有しておくのは、悪くない戦略と言えますし、歴史的に見ても、極端に米ドルが売り込まれた時こそ、米ドルの買い時と言えるのではないでしょうか。

III　米国経済成長のドライバー

アリババ創業者ジャック・マー氏の言葉に学ぶ

「私が初めて『タイム』誌に取り上げられたとき、"Crazy Jack（クレイジー・ジャック）"と書かれたんです」

これは、中国のネット通販会社、「アリババ」の創業者ジャック・マー氏が、2015年の世界経済フォーラムで行われたパネルディスカッションで述べた言葉です。

2014年9月に行われた、アリババの株式公開（IPO）は、米国株式市場でビッグニュースとして、一大旋風を巻き起こしました。IPO金額はなんと218億米ドル（約2・4兆円）と、米国史上最大の規模。中国で英語教師をしていたジャック・マー氏が、のちのちアリババのような大企業のCEOにまで上り詰める波瀾万丈の人生は、興味深くも参考になるストーリーに満ちています。

ただ、ここで改めて注目したいのは、ジャック・マー氏が起業するにあたっての資金集めを、中国でも日本でも、他のアジア圏でもなく、最初から米国で行うと決めていたことです。

「アメリカでは多くの投資家たちが、基本的に新興ビジネスに対して前向きです。なぜなら、それがアメリカ的な（投資ビジネスの）スタイルだから。それでもアリババに対しては、『そんなビジネスモデルは見たことがない』と言われました。だから、ジャックはクレイジーなヤツだと言われたんです」

「私は『クレイジー』ならまだいいか、と思っていました。私たち（の会社）は確かにクレイジーだけど、『バカ』ではない（笑）」

「もしもみんなが私のアイデアを『いいアイデアだ』と評価してくれたとしたら、私たちの会社にチャンスはないんです」

米国経済の根底に流れる強さは、こうしたジャック・マー氏の言葉に集約されているのではないでしょうか。つまり、①米国投資家は、ベンチャー投資に対して非常に前向きである、②アリババのビジネスモデルは、当時はそんなアメリカ人をもってしても「クレイジー」と言わせるような珍しいものだった、③「クレイジー」なビジネスに対して出資する投資家が米国には存在する、④すべての投資家が「いいアイデアだ」と納得するような、「クレイジー」でない、つまり「珍しくない」ビジネスでは、米国では成功できないし、それだけ競争が激しい、など、マー氏の言葉だけをとっても、窺い知ることができます。

マー氏は「中国の中小企業が世界に輸出する仕事を『やさしく』する」ことを最大の目標とし、それをアリババという、市場型インターネット通販の起業によって可能にしました。世界240の国と地域に4000万以上の登録会員を持つ「Alibaba.com」に出店することで、世界中の顧客を開拓できる仕組みを作りました。また、取引成立の際のマージン（手数料）を徴収するのがネット通販の常識だったところを、マージンは基本ゼロとして劇的に登録会員数を増やし、サイトに掲載される広告の広告料と有料のプレミアムサービスを主な収益源としたのです。

よう。

投資しやすい金融環境がマネーを集める

このように、「グローバルなビジネスモデル」を考える起業家は皆、まずは米国を目指します。それは、米国で成功できれば世界で渡り合える、というのが第一の理由でし

もう一つ重要なポイントとして、投資家が投資しやすい金融環境であることも挙げられると思います。第1章で取り上げた世界経済フォーラムの「金融市場の発展番付」を見ると、米国は世界全体では第2位ですが、金融サービスや、金融市場の使いやすさを示す「Financial intermediation」の項目では、米国がほとんど世界第1位の評価となっています。

このことは、経済における「金融仲介業」の位置づけを見ても明らかです。日銀の資金循環統計で、「金融仲介業（銀行、保険、証券会社など）の資産構成」を見ると、日本やユーロ圏では、金融仲介業の資産全体のうち、預金取扱機関、つまりは銀行の資産の割合が圧倒的に大きいのに対し、米国は「その他」の証券会社の割合が大きいのが分かります。日欧は資金調達の手段として、銀行からの融資、すなわち「間接金融」が主流ですが、米国では、株式の上場や債券の発行などによる「直接金融」が主流であるこ

図表2-5　欧米日の資金調達の手段

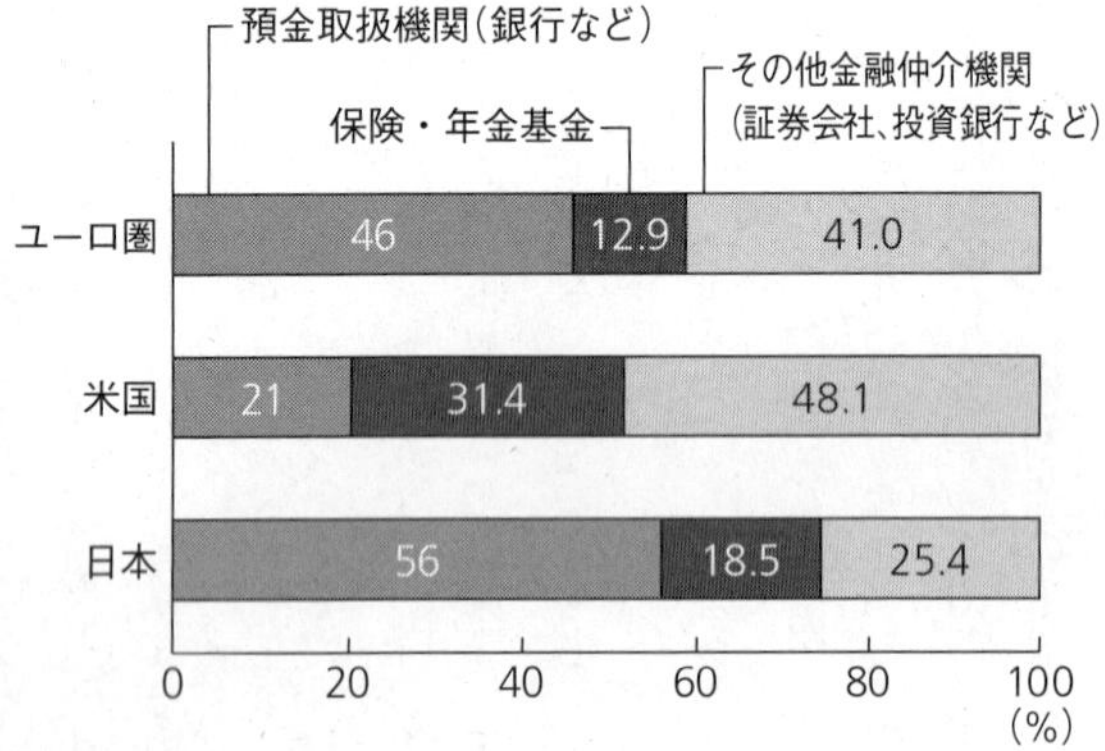

（出所）日本銀行「資金循環統計」

とを示しているのです（図表２－５）。

世界からグローバルなビジネスにチャレンジしようと起業家が集まり、ベンチャーキャピタル投資やＩＰＯを通じてそれに対して活発な投資が行われていることを踏まえれば、世界中から米国に投資マネーが集まっていく流れは、当面変わりそうにないと言えるでしょう。

米国は世界一の経済規模を維持し続ける

こうした米国の強さは、超長期の米国経済見通しにも反映されています。米国農務省は２０１８年12月、２０３０年までの経済見通し（macroeconomic projection）を更新しました。これによると、米国の名目GDP、すなわち経済規模は2015年の16・7兆米ドルから、2030年には22・5兆米ドルまで拡大し、世界第1位の規模であり続けるという見通しになっています。2030年ともなると、さすがに算出方法などによって結果も異なり、たとえば国際通貨基金（IMF）が2016年に公表した予想では、2030年には中国の経済規模が米国を追い抜く見通しになっています。(注1)

「米国政府当局の見通しなので、米国をひいき目に計算しているのでは？」と言いたくなりますが、このデータは米国政府当局が長期的に今後の世界経済をどう見ているのか参考になるので、元データを加工して、順位表を作成しました。米国のGDP規模を基準にこれを100とした場合、各国の経済規模がその何割程度になるかを算出し、5年ごとに順位がどう変わっていくかを見ていきます（図表2－6）。

これを見ると、まず米国は2030年まで世界第1位の経済規模をキープ。中国は2030年に米国の100に対して91・0（実額ベースでは、米国の22・5兆米ドルに対して20・4兆米ドル）まで近づきますが、2位のポジションに留まっています。また、インドの成長が目覚ましく、2015年の8位から、2025年にはドイツのGDPを追い抜き世界第4位（実額ベースでは6・6兆米ドル）の経済大国となります。興味深

図表2-6　5年ごとの各国の経済規模

	2015			2020	
1	**米国**	**100.0**	**1**	**米国**	**100.0**
2	**中国**	**53.4**	**2**	**中国**	**65.3**
3	**日本**	**36.0**	**3**	**日本**	**33.9**
4	ドイツ	22.2	4	ドイツ	21.9
5	フランス	16.6	**5**	**インド**	**17.4**
6	英国	16.2	6	フランス	16.1
7	ブラジル	14.0	7	英国	15.7
8	**インド**	**13.8**	8	ブラジル	12.9
9	イタリア	12.4	9	イタリア	11.7
10	カナダ	10.8	10	カナダ	10.7
11	ロシア	9.9	11	ロシア	9.5
12	スペイン	8.5	12	スペイン	8.7
13	豪州	8.2	13	豪州	8.3
14	韓国	7.6	14	韓国	7.8
15	メキシコ	7.3	15	メキシコ	7.4

	2025			2030	
1	**米国**	**100.0**	**1**	**米国**	**100.0**
2	**中国**	**78.4**	**2**	**中国**	**91.1**
3	**日本**	**32.3**	**3**	**日本**	**30.9**
4	**インド**	**22.2**	**4**	**インド**	**27.4**
5	ドイツ	21.0	5	ドイツ	19.8
6	フランス	15.8	6	英国	15.4
7	英国	15.7	7	フランス	15.3
8	ブラジル	13.5	8	ブラジル	14.2
9	イタリア	11.1	9	カナダ	10.6
10	カナダ	10.7	10	イタリア	10.4
11	ロシア	9.5	11	ロシア	9.5
12	豪州	8.6	12	インドネシア	9.2
13	スペイン	8.4	13	豪州	8.8
14	インドネシア	8.0	14	韓国	8.1
15	韓国	7.9	15	スペイン	8.0

(出所)米国農務省、SFH

いのは本書の初版を出版した2015年時点の見通しでは、日本は2030年にはGDP規模がインドに抜かれ、世界第4位に後退するストーリーになっていましたが、直近の見通しによれば、日本は2030年時点でも、世界第3位の経済規模を維持することになっています。実額ベースでは、2015年の5・9兆ドルから2030年には6・9兆ドルに拡大。一方、インドは急速に拡大するものの、2030年時点では6・1兆ドル規模に留まっています。

個人的には、2030年になっても中国が2位に留まっていることにあまり違和感はありません。これには世界的な人口の変動、つまり「人口動態」が大きくかかわっているからです。参考までに、同じく米国農務省が算出した、2030年までの人口動態を、今後の変動を分かりやすくするために、2015年を100として指数化してみましょう（図表2－7）。

若年層の多いインドや、移民制度がある米国では人口の増加が今後も続くことが見込まれる一方、日本は少子高齢化により2015年の1億2692万人から1億2075万人まで大幅に減少。

また、中国も、1970年代から続いた一人っ子政策によって少子高齢化が進みまし

図表2-7　各国の人口推移

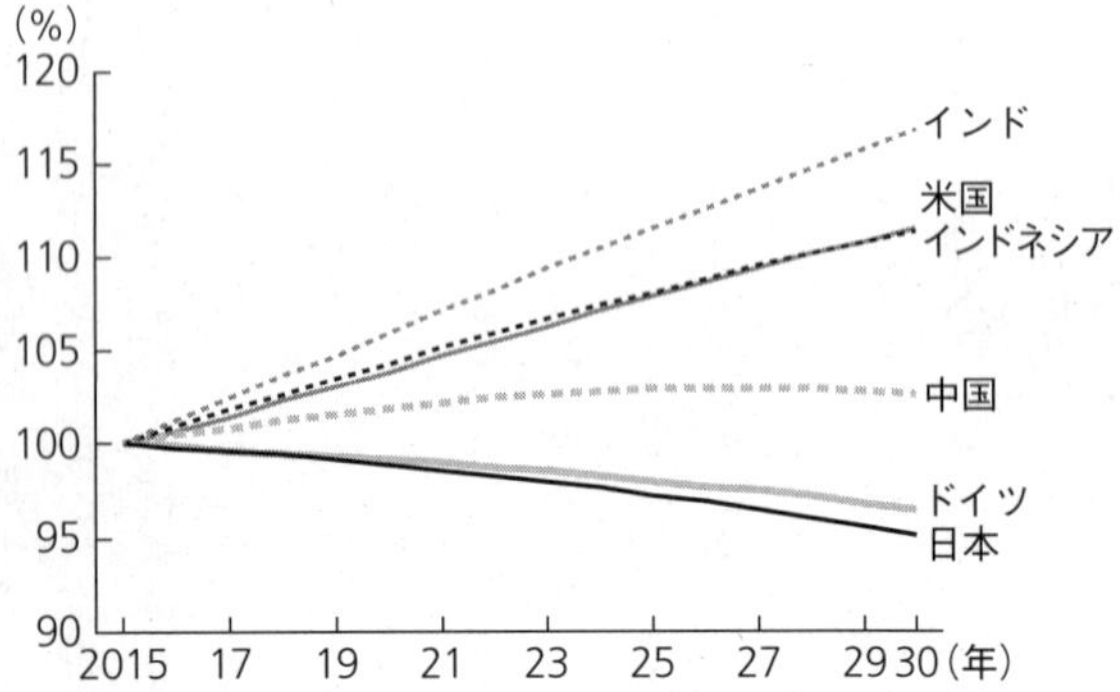

(出所)米国勢調査局、SFH

た。2015年10月に中国政府は一人っ子政策を廃止し、すべての夫婦が二人目を産めるようになったことから、2015年時点の調査に比べると、その人口減少ペースは緩やかになりました。それでも2027年の14億7600万人をピークに人口が減少しはじめ、2030年には14億3900万人まで減少する見通しです。

また、生産年齢人口（15歳以上65歳未満）で見れば、実は2010年から既に中国の人口の減少は始まっています。急速な経済成長によって所得が増え、低所得者から中間層へのシフトが起こっている間は経済規模の拡大は続きますが、ある程度成熟した経済になってくると、破竹の勢いだった経済成長にもブレーキがかかり始めるのは自然なことと言えるでしょう。

シェール革命で経常収支は大幅改善

米国の長期的な成長のドライバーについて考える際、シェール革命も無視することはできません。シェール革命とは、従来はコスト的、技術的に困難であったシェールガスやシェールオイルによるエネルギー生産が本格化したこと、またこれによってこれまでのエネルギー環境にもたらされる大きな革新を指します。

米国エネルギー情報局（ＥＩＡ）が２０１７年に発表したレポート（Annual Energy Outlook 2017）によれば、米国は１９５３年以降これまで、エネルギーの純輸入国でしたが、シェール革命による輸出の増加と輸入の減少によって、２０２６年には純輸出国に転じると予想されています。

シェール革命による影響が大きい天然ガス（液化天然ガス・ＬＮＧ）については、米国は２０１７年に純輸出国になりました。一方、石油等液体燃料については依然輸入依存度は高いものの、ＥＩＡの発表によれば２０１８年11月最終週の石油輸出量が、週間ベースながらも輸入量を上回り、純輸出国になったことが分かり、話題となりました。

図表2-8　大幅改善した米国の経常収支

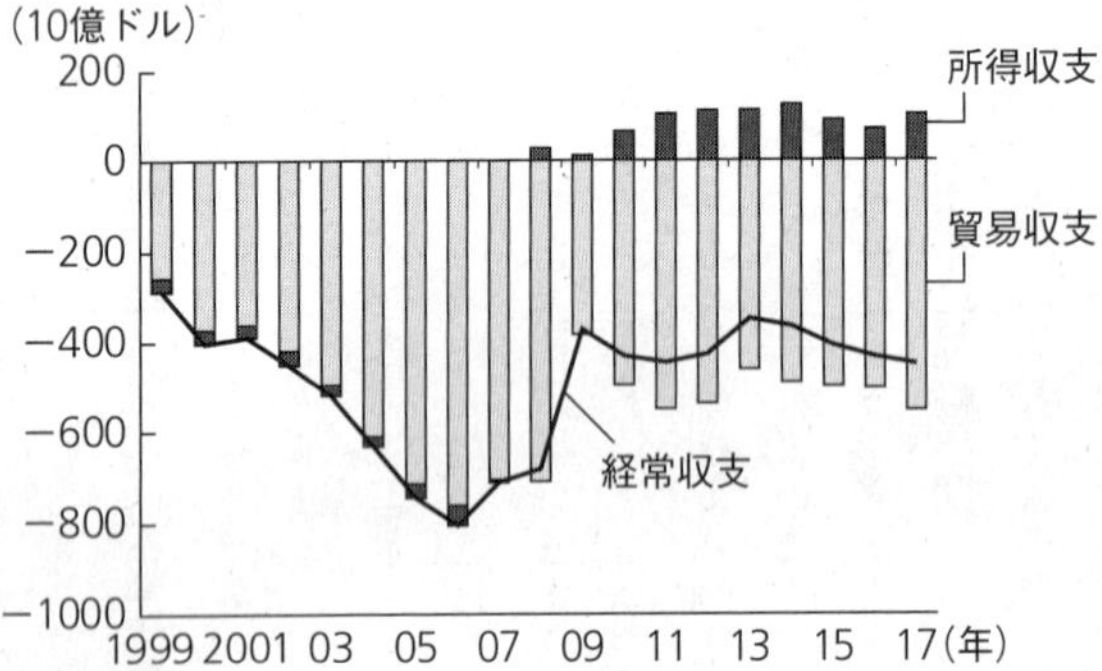

(出所)米経済分析局

実際米国の経常赤字の内訳は、そのほとんどが貿易収支によるもので、過去にはエネルギー関連の貿易収支赤字が全体の2割を超えていた時期もありましたが、2017年には約7・2%まで縮少しています。

これだけを見てもシェール革命は米国の経常収支に大きく貢献したことがわかります（図表2−8）。

関連産業に大きなプラス効果も

シェール革命が米国経済に与えたインパクトは、もちろん経常収支に留まりません。市場調査会社IHSによる調査レポート「America's New Energy Future: Volume 3: A

Manufacturing Renaissance」（2013）では、エネルギー生産のバリューチェーン、つまり採掘→精製→製品といった上流部門から下流部門への一連の流れと、エネルギー関連化学産業に対して、シェール革命がどのような経済効果をもたらすのか具体的に推計しています。

2025年までの①資本的支出（設備投資）増加額、②関連分野での雇用創出数、③付加価値増加額、④連邦・州政府歳入増加額についての推計結果は図表2－9の通りです。

これを見ると、シェール革命によって、バリューチェーンのさまざまなステージにおいて、設備投資、雇用、付加価値の面で経済への大きなプラス効果があり、しかも2025年に向けてその効果は増加し続けるということが示されています。また、同レポートでは、家計におけるエネルギーコストの低下や、賃金増による可処分所得の増加が見込まれることにも言及しています。

2018年10月以降原油価格が1バレル＝76ドル台から42ドル台へと急落したことを嫌気して、エネルギー関連株を中心に一時米株価が急落する場面がみられました。シェ

図表2-9　シェール革命の経済効果

	2012年	2020年	2025年
資本的支出（設備投資）増加額（億ドル）	**1,210**	**1,890**	**2,400**
上流部門	870	1,730	2,280
中流・下流部門	290	70	50
エネルギー関連化学産業	50	90	70
雇用創出数（万人）	**212**	**334**	**388**
上流部門	175	299	350
中流・下流部門	32	7	6
エネルギー関連化学産業	5	28	32
付加価値増加額（億ドル）	**2,840**	**4,690**	**5,330**
上流部門	2,380	4,170	4,750
中流・下流部門	390	90	70
エネルギー関連化学産業	70	430	510
連邦・州政府歳入増加額（億ドル）	**660**	**1,250**	**1,480**
上流部門	630	1,130	1,340
中流・下流部門	10	20	20
エネルギー関連化学産業	20	100	120

（出所）IHS Inc.

ール革命によってエネルギー資源の輸出が増加した米国にとって、原油価格の急落は設備投資の縮小につながり、経済の足かせになるとの見方が広がったからです。本来、車社会である米国では、原油価格の下落はガソリンの下落につながり、家計の可処分所得が増えるため、長期的に見れば米国経済にとってはプラスです。

Ⅳ　一時は第2の基軸通貨と言われたユーロ

ユーロ圏の財政問題はまだ解決していない

２０１８年8月20日、ギリシャはＥＵから受けていた金融支援プログラムを終了しました。これは、ギリシャがＥＵからこれ以上の追加支援は必要なくなり、ようやく自立できたことを示しています。２００９年10月にギリシャによる財政統計の改ざんが発覚したことに端を発したギリシャの財政問題は、これでいったん幕引きされたと見て良いでしょう。

ただ、数々の問題も残ります。ギリシャはＥＵから強いられた厳しい財政再建策の下、財政赤字を減らしてきたため、２０１６年から財政収支はわずかながら黒字に転換しています。しかしその一方で、過去3回にわたり、EUから約40兆円規模の支援を受けていることから、政府債務残高、つまり国の借金はGDP比で176%にも拡大しています。また、約9年間に及ぶ緊縮財政によって、特に地方経済の疲弊が目立っており、失業率も19%近い状態が続いています。

債務を減らすためには緊縮策を続け、財政改善に努める必要がありますが、地方自治体への支援などを含めた景気刺激策を行えば、再び財政の悪化をもたらし市場の信用を失うリスクもあります。一見問題は収束したように見えても、債務問題はギリシャ経済に依然として大きな足かせとなっているのが実情です。

IMFも、こうした事態を問題視しており、ギリシャが今後数年間改革を継続できるよう、債権国は追加の債務削減も検討する必要があるとしています。一部検討されている案としては、各国中銀が保有するギリシャ国債の償還時に利益をギリシャ側に戻すことなどが選択肢として挙げられているようです。一方、最大の債権国であるドイツは、ギリシャへの支援は国民の税金によるもので、これの削減は国民の理解を得にくいことから、債務の削減に対しては慎重なスタンスです。

この問題に関連し、旧ユーゴスラビアのマケドニアの国会は2019年1月11日、「北マケドニア共和国」に国名を変更する憲法改正案を承認しました。同名の地域を国内に持つギリシャはこれまで領土的野心を示すなどとして「マケドニア」の国名に反発し、両国は長年対立してきましたが、両国政府は2018年の6月に、この度の国名変更で合意したのです。ギリシャはマケドニアの北大西洋条約機構（NATO）と欧州連合（EU）加盟にも反対してきましたが、これらへの道も開かれることになりました。ギリシャ政府はこの問題に対し、EUや米国からの強い要望を受け入れるため、譲歩した格好です。このため、ギリシャ政府としては見返りとして、EUに対して債務削減などの負担軽減策を求めたいところですが、状況は容易ではなさそうです。

最大の問題は、EUの中でドイツの求心力が著しく低下していることです。2017年9月にドイツで行われた総選挙で、連立与党のキリスト教民主・社会同盟（CDU/CSU）と社会民主党（SPD）はともに議席を大幅に減らしました。一方で、自由民主党（FDP）と民族主義政党である「ドイツのための選択肢（AfD）」が躍進し、これまでメルケル政権が推進してきたEUの政策や移民問題への対応に対して、国民の不満が高まっていることが示されました。

連立を組むまでの混乱や、2018年10月に行われたバイエルン州の州議会選挙でも与党が大敗を喫した責任をとる形で、メルケル首相は10月29日、２０２１年秋までの任期限りで引退することを表明しました。同首相は２０２１年の次回総選挙では、首相候補としても、議員としても立候補しない考えを示しています。

これまでユーロ圏やＥＵにとって、いわば扇の要としてリーダーシップを発揮してきたメルケル首相が引退するとなると、後任にもよりますが、ドイツのＥＵの要としての求心力が低下し、ＥＵの統合（Convergence）から拡散（Divergence）への動きが、活発化してしまうリスクもあるでしょう。

２０１８年、イタリアの財政問題が注目を集め、一時はイタリア国債が大きく売られる場面も見られました。２０１８年3月の総選挙を経て同年6月に発足した新政権は、反エスタブリッシュメントの政党「五つ星運動」と、反移民を掲げる「同盟」の連立政権で、欧州初の「反ＥＵ政権」として注目を集めました。そのイタリア新政権が、早速予算案でＥＵ側ともめることになり、ＥＵ側から予算案を見直せと突き返される事態となったのです。最終的には合意に至り、イタリア国債も持ち直しましたが、合意した予算案をイタリア政府が守るかどうかが注目されます。

加えて、フランスでも財政問題が浮上しています。フランスではマクロン政権が決定した燃料税の引き上げに反対し、2018年末に各地で大規模なデモ「黄色いベスト運動」が起き世界から注目されました。デモの拡大を受けて、燃料税の引き上げが延期されたばかりか、マクロン大統領がテレビ演説し、2019年1月から最低賃金を約8％引き上げるなどの措置を発表しました。残業手当を課税対象としないことや、年金生活者への一部増税廃止も表明。デモは収束したものの、これによってフランスはEUが定める財政基準を逸脱する可能性が高くなっています。

実は、ユーロ圏の中でも財政赤字をGDP比3％以内、政府債務残高をGDP比60％以内とする財政ルールを守れている国は、案外少なく、言い方を変えれば、それほどこの基準は厳しいものなのです。金融政策や通貨はユーロ圏すべての国で統一しているにもかかわらず、国家財政という国のサイフは国ごとに管理されていることから、国によって信用力や国債利回りには格差があるといういびつな構造になっているのです。

この財政ルールを守ろうとすれば、緊縮財政を行うことになり、国民の不満は高まります。近年ではこれに移民問題なども加わりフランスやイタリアなどの南欧諸国だけでなく、ドイツなど比較的財政は良好な国でも、反EUの政党がじわじわと支持を広げているのです。

BREXIT後のEU

英国はEU離脱を決めましたが、見通しは依然不透明です。これまでのBrexitを巡る動きを見ていても、EUとの交渉に掛かる時間やコストを踏まえれば、離脱することのプラス面は少なく、英国に追随する国が続々と出てくることは考えにくいでしょう。

欧州委員会の委託でユーロバロメーターが行っている世論調査がありますが、これは、EU加盟28カ国の各国1000人に対する調査です。そのなかで「あなたはEUを信頼していますか？」という問いに対しては、YESの回答が少ない順、つまり下位から並べてみると、ギリシャが26％で最下位、2番目がEU離脱を決めた英国（31％）、3番目がチェコ（32％）、4番目がフランス（33％）、イタリアが5番目（36％）となっており、やはり反EU色の濃い国が下位に並んでいます。

しかし一方で、「ユーロ圏の経済・通貨統合について賛成か反対か」との問いに対しては、フランスは72％が賛成、イタリアも63％が賛成と、いずれもEU28カ国の平均値（62％賛成）を上回っています。つまり、EUは信頼していないものの、ユーロ圏を離脱する気はない、というややちぐはぐな回答となっているのです。

これには、フランスやイタリアの経済構造が、一時はユーロ圏離脱の危機にあったギリシャとは異なっていることが背景として挙げられるでしょう。ギリシャがほとんど観光業のみに頼っている経済であるのに対し、フランスやイタリアは、いずれも自動車関連など製造業も活発で、アパレルやワインなどの輸出も豊富です。このため、ユーロ圏に参加したことで、通貨が一つになり、域内貿易が拡大して経済的にはユーロ統合の恩恵を受けたのです。

つまり、移民には反対なのでEUに対して懐疑的な一方で、ユーロ圏を離脱する気はないという正直な気持ちが、そのまま世論調査の結果に出ていると言えそうです。したがって、ポピュリスト政党の台頭は、長期的に見れば大きな懸念材料ではあるものの、今後数年間でユーロ圏やEUが崩壊するような話にはならないと見ています。

ユーロ圏は各国の利害が一致せず政治的な団結力は弱くなっています。したがって、将来的には財政統合、政治統合まで目指しているものの、その実現はいつになるのか、本当に可能なのかどうかも見通しは立てにくくなってきました。2015年7月、土壇場でギリシャ支援を決める際に、ユーロ圏各国の首脳が会議室に17時間も缶詰めにならざるを得なかった事態を見ても、ユーロ圏は米国のような政策の機動力や推進力には乏しいと言わざるを得ません。米ドルに次ぐ第2の基軸通貨と言うには、まだまだ多くの

図表2-10　ユーロと米ドル実効レートの推移

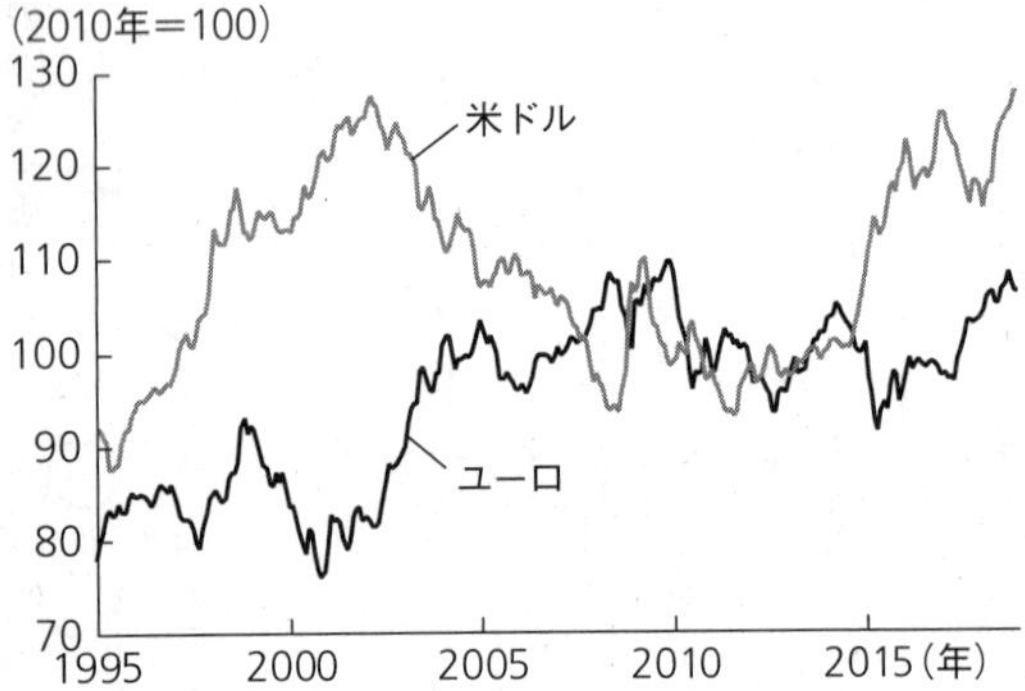

(出所) BIS、SFH

問題を抱えていると言えるでしょう。

とはいえ、外貨投資を行う際は、ユーロの特徴を踏まえたうえで、ユーロを上手に使うことは意識しておくとよいと思います。それは、ユーロが米ドルとほぼ逆方向に動くということからです。ユーロと米ドルはまさにコインの表と裏のような存在で、米ドルが上がればユーロが下がる。逆もまたしかりです。

これは、問題を多く抱えたユーロであっても、ユーロ圏という塊で見れば米国の次に大きい経済規模であること、通貨発行量も多く、為替市場でも米ドルの次に多く取引されている通貨であることなどが挙げられます。

米国に何か問題が発生したとき、その反対側でもっとも買われる可能性が高いのはユーロなのです（図表2－10）。財政不安で信用力は落ちたものの、ユーロ圏全体が目指す財政赤字の基準はGDP比3％と、米国や日本より圧倒的に低いのも事実です。

当然、今後米ドル相場にも振幅はあるでしょう。景気は循環しますから、景気拡大期が終われば、景気減速期、あるいは景気後退期も訪れるでしょう。もし、米ドルが一時的に下落しそうだと思った時には、一度円に替えるという方法もありますが、コインの裏であるユーロに一時的に米ドルから移しておくという方法もあると思います。

また、ドルの名目実効為替レートのうち、よく使われるものの1つにNY商品取引所が算出しているドルインデックス（DXY）があります。これは、ユーロに対する米ドル相場とほとんど同じ動きをすることから、米ドルの総合的な価値の「今」を知るツールとしても使えます。

個人投資家の場合、わざわざ米ドルインデックスを調べなくても、ユーロ米ドルのチャートを逆さに（米ドルをベースに）見れば、米ドルが多くの通貨に対して上昇しているか下落しているかをおおむね知ることができます。

V　新興国通貨に投資する際、注意すべきこと

中国は人民元をどうコントロールするのか

２０１６年2月以降、上海総合株価指数は緩やかな上昇トレンドを描き、約２年間で36％上昇してきました。しかし、２０１８年2月に突然、その上昇トレンドは終わりを迎えることになります。2月の株価急落は、米国で発表された1月の雇用統計が強かったことで、長期金利が急騰し、これにより米株価が急落したことがきっかけでした。しかし、その後も米中間で報復関税の応酬が続くなど、「米中貿易摩擦」が「米中貿易戦争」へと深刻化していくなかで中国株価は下落が続き、結局、上海総合株価指数は1月の高値から年末までで31％もの下落となりました。

この間、中国経済は減速が続き、中国のメディアグループである財新と英国の金融情報・調査会社のＩＨＳマークイットが発表している中国製造業ＰＭＩも２０１８年はずっと右肩下がりとなり、12月にはついに49・7と、景気拡大と縮小の分岐点である50を下回ったのです。

この間、人民元相場も下落トレンドが続きました。人民元は米ドルに対し、2月の高値1米ドル＝6・25人民元から10月末には1米ドル＝6・97人民元の安値まで下落。一時は7・00人民元の節目も突破するのではないかとの見方も広がりました。

しかし、米財務省が年2回議会に提出する、貿易相手国の為替政策を分析・評価した報告書、「為替報告書」の発表を11月に控え、1米ドル＝6・97人民元をボトムに人民元相場は徐々に反発し、米中貿易協議が本格化した1月には1米ドル＝6・73人民元まで回復したのです。

一時は国際化が期待された人民元ですが、残念ながらその道のりは遠く、資本規制はまだ続いていますし、人民元相場も中国人民銀行によってコントロールされています。しかも、去年一年間の人民元相場を見ても、政府が外交環境や経済動向をにらみながら、コントロールしているのが分かります。

たとえば、昨年は中国の景気減速と米中貿易戦争の激化、株安によって、人民元安圧力が強まりました。中国の場合、国民の人民元に対する信認が低く、常に人民元相場には下落圧力がかかりやすくなっていますが、加えてここのところの景気悪化と株安によって、資本流出に歯止めがかからなくなることは中国政府としても避けたいところです。したがって中国人民銀行は米ドル売り人民元介入を行い、人民元安にブレーキをかけました。ただ、2015年8月の「チャイナ・ショック」の前後、6月～12月の半年間で人民元は6％下落しましたが、2018年の3月～9月の半年間のほうが、人民元相場は10％安と、明らかに下落幅が大きかったにもかかわらず、中国の外貨準備の減少ペースは2018年のほうが緩やかになっています（2015年が10％、2018年は2％減少）。

米中貿易戦争を受けて、中国政府としては景気を支えるため、人民元相場をある程度安めに誘導しようということで、介入を緩やかにしか行っていなかった可能性があるでしょう。一方、2018年は10月になると、為替報告書での「為替操作国」の指摘を避けるため、また、いよいよ人民元相場が対米ドルで7・00人民元の節目まで接近したことで、介入を強めて人民元安に歯止めをかけようとしているのが分かります。

今後の人民元相場も、米中貿易戦争の行方次第で方向性が変わる可能性があります。

仮に、中国政府が米国と歩み寄り、対米輸入額を大幅に増額するようであれば、人民元高のほうがメリットがあります。2019年1月時点では、中国政府は米国に対して、1兆2千億米ドル（約130兆円）の対米輸入額の増加を提案していますが、この場合、人民元高のほうがドルベースでより多く輸入できますから、中国にとってはプラスです。一方で、仮に交渉が決裂し、米国が中国に対して追加関税をかけるようであれば、人民元安にして、輸出増で景気を押し上げる戦略のほうがベターと言えます。

中国にとっては足下の景気減速に加え、これ以上の株安や資本流出を防ぐためには、米国との貿易戦争を収束させる必要があります。一方で、政府が外交で弱い姿勢を見せれば、習政権や中国共産党に対する国民の不満にもつながりかねません。こうした中で為替政策をどうコントロールしていくのか、難しいかじ取りを迫られています。

先述した通り、中国からの資本流出をチェックする一つのバロメーターとして、中国の外貨準備高があります。中国の外貨準備高は、2018年末時点で約3兆ドルとなっており、14年6月の約4兆ドルをピークに減少が続いています。外貨準備が減少しているということは、人民元安に歯止めをかけようと、中国人民銀行が米ドル売り人民元買いの為替介入を行っていることを示していますが、それでも人民元安が継続していれば、それは、介入の手を緩めて故意に人民元安に誘導しているか、人民元の下落に歯止めをかけられていないかのどちらかです。

国際通貨基金（IMF）は、各国の輸出額やマネーサプライ、負債などをベースにARAM（Assessing Reserve Adequacy Metric）という、各国の外貨準備高の適正水準を算出しています。それによれば、中国にとっての適正な外貨準備高は3・6兆ドルとなっています。したがって、現状の水準は適正水準の83％ということになり、既に大きく下回っているのです。これを踏まえれば、今後、3兆ドルを大きく下回るようなことになれば、「中国からの資本流出」に市場の注目が集まり、2015年8月のチャイナショックの時のように、上海総合株価指数が急落したり、人民元に一段と下落圧力がかかる可能性がありますから、注意しておきたいところです。

新興国投資のリスク

新興国への投資には魅力があります。まず、これから成長が見込める国の未来に投資することは、投資家にとっては長期的な楽しみです。たとえば、新興諸国株価の代表的な指数に、24カ国の大型株と中型株を対象として830銘柄で構成されているMSCI（モルガン・スタンレー・キャピタル・インターナショナル）エマージング・マーケット・インデックスがあります。構成内訳を見ると、上位5カ国（中国、韓国、台湾、インド、ブラジル）で70％以上を占めています。新興国はもちろん、景気の浮き沈みも激しいですし、株価指数のボラティリティー（変動率）も大きいものの、同指数はこの20年間で4倍になっています。米国のS&P500株価指数が過去20年間で約2倍、日経平均株価が同期間で約1・6倍ということを考慮すれば、新興国の高い成長をポートフォリオの一部に取り込むのは、戦略としては悪くありません。

また、現地通貨建ての債券投資などであれば、金利が高いのも魅力です。為替リスクを取って現地通貨建てで投資すれば、金利面では先進国よりも圧倒的に高いですし、発展段階にある国であれば、急速な成長を遂げれば投資した元本が短期で大きく増えるチャンスもあるでしょう。一方でその分リスクが高いことも事実です。考えられるリスクとしては、以下の点が挙げられます。

①流動性の低さ—売りたくてもなかなか売れないリスク

②**ボラティリティーの高さ**―相場の急変リスク。通貨のボラティリティーも相対的に新興国は高い

③**規制**―もともと通貨取引に制限があるが、相場の急変を抑え込むために突然資本規制がかかり、取引できなくなる、あるいは資金を引き出せなくなるリスク

④**政治リスク**―新興国は政治情勢が不安定なケースも多く、政権交代やクーデターなどによって相場が急変するリスク

⑤**グローバル投資家のセンチメント**―高金利であるために、世界の投資家のリスクテイク志向が高い時に投資資金が流入する一方、世界の投資家のリスクテイク志向が後退すると、その国のファンダメンタルズにかかわらず投資資金が引き揚げられるリスク

⑥**情報**―先進国に比べて情報量が少なく、タイムリーに必要な情報を取れないリスクたとえば中国は日本の財務当局と異なり、為替介入額どころか介入を実施したかどうかすら公表しておらず、米国から公表するようにと迫られています。新興国は情報発信元の情報公開が限られることに加えて、経済指標の公表なども先進国に比べて発表の頻度が低く、分析できる情報も少ないことは、認識しておくべきポイントです。

新興国投資にあたってのチェックポイント

新興国に投資する際には、先進国投資ではさほど心配する必要のない、このようなリスクがあることを理解したうえで行う必要があります。また、個人投資家が投資する際のチェックポイントとしては、以下の点が挙げられます。

①経常収支
②財政収支
③外貨準備高
④インフレ
⑤政府の政策
⑥中央銀行の信頼性
⑦外貨建て対外債務

高利回りを追求する目的で、新興国の国債などに投資する投資信託などがありますが、金利面で優位であっても、通貨の急落によって為替差損が大きく発生するケースがあります。そして、通貨急落の要因になり得るのが、これらのチェックポイントです。また、通貨安と同時に財政危機のリスクにつながりやすいのは、⑤の政策を失敗し、⑥の信頼性が低く、⑦の債務が大きい国ですので、注意しておく必要があります。

新興国は、経常収支の赤字を海外投資家による投資マネーによってファイナンスしている傾向があり、たとえば国債の格下げや何かの要因で、海外勢が一気に資金を引き出すと通貨が急落するリスクがあります。それを介入などによって食い止めるための資金として外貨準備がありますが、これが潤沢にないと通貨防衛が困難となる点には注意が必要です。外貨準備が潤沢かどうかについては、先に述べたＡＲＡＭ（Assessing Reserve Adequacy Metric）という、ＩＭＦが公表している「外貨準備の適正水準」を参照することができます。

前述した7つのチェックポイントをベースに新興国のヒートマップを作成してみると、以下の図表のようになります。２０１８年は、米国が利上げを継続するなかで、ドル高・新興国通貨安が話題となりました。特に図表2－11のヒートマップで下位に位置する、アルゼンチンペソ、トルコリラ、南アフリカランドなどはいずれも対米ドルで大幅に下落しており、年間の対米ドルの騰落率は図表2－12の通りとなっています。

図表2-11　新興国のヒートマップ(2019年2月時点)

	実質GDP成長率	財政収支(対GDP比)	インフレ率	経常収支(対GDP比)	外貨建て債務総額／外貨準備高	外貨準備高適正率(%)
香港	2.9	2.2	2.7	3.9	3.9	NA
台湾	2.3	0.3	0.3	12.8	0.6	NA
タイ	3.3	−3.2	0.9	−1.6	0.8	209.9
ポーランド	5.1	−1.4	1.2	0.5	2.2	103.4
韓国	2.0	8.6	2.0	4.6	1.1	102.2
ロシア	1.3	1.4	3.8	3.7	1.3	300.8
フィリピン	6.1	−3.0	6.3	−1.4	1.1	188.0
マレーシア	4.4	−3.0	0.6	2.6	2.4	115.1
中国	6.5	−2.0	2.2	0.4	0.7	89.7
豪州	2.8	−0.6	1.9	−2.2	37.7	NA
メキシコ	2.5	−2.7	4.7	−1.5	2.7	118.3
NZ	3.0	0.9	1.9	−3.3	11.4	NA
インド	7.1	−3.9	3.3	−2.4	1.4	142.9
ブラジル	1.3	−1.6	4.1	−0.8	1.8	164.3
インドネシア	5.2	−2.9	3.2	−2.8	3.3	115.3
アルゼンチン	−4.2	−0.3	44.6	−5.3	5.6	67.3
トルコ	1.6	−2.0	21.6	−5.6	6.9	76.5
南アフリカ	1.1	−3.9	5.1	−3.5	3.7	62.6

(注)外貨準備高適正率は、IMFが算出している適正水準(ARAM)を100%とした場合の、これに対する実際の外貨準備率の割合

(出所)各国データよりSFH作成

**図表2-12　新興国(地域)通貨の対ドル騰落率
(2018年1月2日から2018年12月28日)**

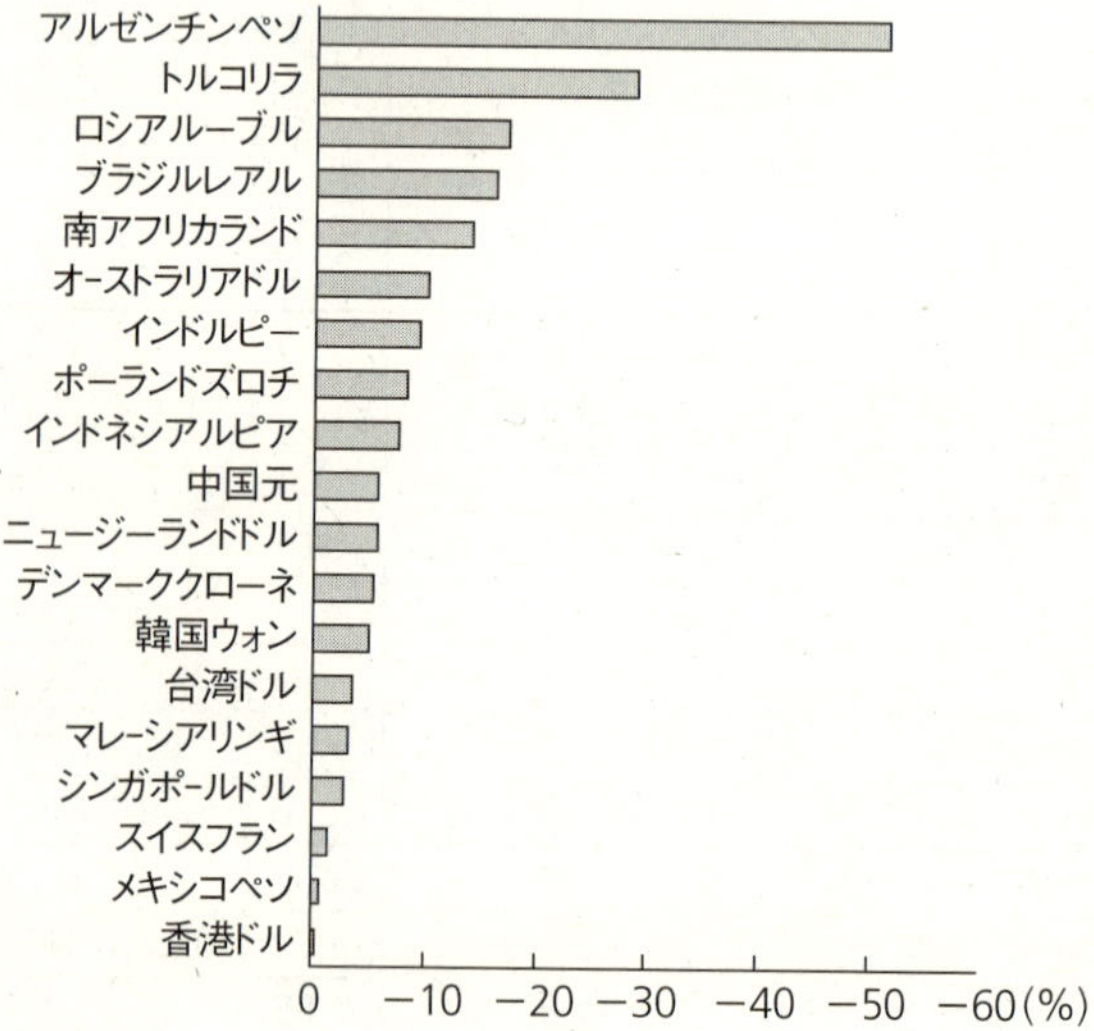

(出所) Bloomberg

ではなぜ、米国の金利が上昇すると新興国通貨が売られるのでしょうか。米国の金利が低く、景気も市場環境も良好で、投資家のリスク志向が高まっている時は、投資マネーは少しでも高い金利を求めて新興国に向かう傾向があります。しかし、新興国は前述した通り、為替変動リスクだけではない、さまざまなリスクがあるのも事実です。したがって、米国の金利が上昇してくると、無理に高いリスクを取って新興国に投資するよりも、安全な米国の資産のほうが魅力的になるのです。
もう一つの見方としては、米国の金利が上昇して株価が下落しはじめると、市場心理が悪化し、投資家のリスク志向も低下するため、これまで新興国に向かっていたマネーが、米国に戻ってくるという「資金回帰」の動きも活発化するのです。このように、新興国でチェックポイントのすべてが合格点の国はなかなかありませんが、投資する際の判断材料をいくつか持っておくことは大事です。

こうして、2018年は新興国通貨安が一つのテーマとなりましたが、私たちが気を付けなければならない点は、「新興国」をあまり一括りに見ないことです。2018年の騰落率を見ても分かる通り、確かにアルゼンチンペソは51％安、トルコリラは28％安と、それぞれ暴落しましたが、それ以外の新興国すべてが大きく売られているわけではありません。新興国と言っても、それぞれの国の事情は異なるため、ヒートマップを見るだけでなく、それぞれの政治情勢等もチェックする必要があることは、覚えておきたいポイントです。

たとえばトルコリラですが、主には政府の、具体的にはエルドアン大統領の政策の失敗が、ここまでの通貨安を招いたと言っても過言ではありません。トルコの消費者物価指数は、これまでエルドアン政権が進めてきたバラマキ政策と原油価格の上昇に加え、トルコリラ安によって急騰し、2018年1月の前年比10・35%から、同年10月には25・24%まで上昇しました。生産者物価指数に至っては、46・15%への急伸となり、トルコ経済はまさにインフレの急伸と景気悪化が同時に起こる、スタグフレーション状態に陥ったのです。本来ならば、ここまで悪化する前に利上げや緊縮財政を断行するなどして対応するところですが、エルドアン大統領は利上げを否定するどころか、利下げするべきなどと主張していました。

どうやら、政策金利が低い→国民にとって借入金利が低い→緩和的政策は国民から支持を得やすい……といった思考回路だったようです。こうした発言でトルコ中銀に対して圧力をかけ続けてきたことから、「中央銀行の独立性」が疑問視されることとなり、そのこと自体もトルコリラ売りに拍車をかけました。結局、2018年9月13日、トルコ中銀は同大統領の反対を押し切る形で政策金利である1週間物レポ金利を6・25ポイント引き上げ24%とすることを決定。これによって、トルコリラの一方的な下落に歯止めがかかったのです。

また、エルドアン大統領は、2016年7月に起きたクーデター未遂事件に関与したとして、米国人牧師のアンドルー・ブランソン氏を逮捕、同年10月以降拘束していました。これに対し米トランプ大統領が釈放を求め、エルドアン大統領がこれを拒むと、経済制裁としてトルコが米国に輸出する鉄鋼とアルミニウムへの関税を大幅に引き上げる措置に出たのです。本件も、トルコ経済を圧迫するとの理由から、2018年のトルコリラ安に大きく影響しました。

結局2018年10月13日にブランソン氏は釈放されましたが、拘束を長引かせたことの悪影響は大きかったと言えるでしょう。いくら通貨環境がぜい弱とはいえ、政策のミスがなければ、ここまでの暴落にはならなかったのではないでしょうか。

インフレ動向に注意しておく

インドやブラジルなどに共通して見られる特徴は、インフラが整備されておらず、物流面の効率が悪いこと、加えて生産年齢人口の増加にともなって個人消費が旺盛であることから、構造的に物価に上昇圧力がかかりやすいことです。ブラジル史上初の女性大統領となったジルマ・ヴァナ・ルセフ大統領（任期2011年1月1日～2016年

8月31日）は、これを放置しただけでなく、第一次政権で最低賃金を引き上げるなど、むしろバラマキ政策を行ったことでさらにインフレが加速し、景気悪化につながりました。インフレが加速すると、通貨の価値は下がりますから、これも通貨安の要因となります。

ミシェル・テメル大統領を経て、2019年1月に就任したジャイール・ボルソナロ大統領は、「ブラジルのトランプ」と呼ばれるほど過激な発言が目立っていますが、金融政策では、物価の安定を重視し、中央銀行の独立性を法制化する方針を示しています。また、財政の健全化（基礎的財政収支の赤字を2020年までに解消する）、汚職の撲滅、ペトロブラスなど国営企業の民営化推進など、政策方針自体はブラジルの今後に期待が持てそうです。市場でも、これらの政策が実行できるかどうかに注目が集まっています。

トルコの例でも分かる通り、インフレと通貨安に対しては早めに手を打っておく必要があります。遅れると急激な金融引き締めで対応せざるをえなくなり、さらに景気を冷やすことになります。したがって、こうした新興国に投資する際にはインフレの動向は常に注意しておく必要があるでしょう。体質としてインフレになりやすいなどの構造問題に対して、政府が真剣に取り組んでいるか、また中央銀行の政策対応はどうかといったポイントも重要になってきます。

このように、新興国に投資する際には、金利が高いというメリットを見るだけでなく、内在するリスクにも気を配る必要があるのです。いくら将来の成長が見込めても、金利が高くても、投資配分としてはメインに据えるのではなく、分散投資の一部に留めておくほうがよいということがお分かりいただけたと思います。外貨分散投資については、次の第3章で見ていくことにしましょう。

注1　IMF, World Economic and Financial Surveys, World Economic Outlook Database, July 2016

第3章　富裕層は「減らさない」が基本

Ⅰ　米ドルを増やすという考え方

利益確定と損切りの目安を決めてから買う

「米ドルはいつ売ればいいんでしょうか？」

為替セミナーで個人投資家の方からよく訊かれる質問です。米ドルを買ったのはいいけれど、売り時が難しいのは事実です。せっかく安値で米ドルを買うことができて、その後相場が上昇して利益が乗っていても、今度は「いつ米ドルが下落するか」が気になって、利益確定の時期を逃すまいと思うと何となく不安になってしまう……。たった一言ではありますが、実は奥が深い質問で、回答は何種類もありますから、筆者は決まって、まずは質問してくださった方の投資スタンスを伺ってからお答えすることにしています。

米ドルを購入した後このように悩まないようにするためにも、短期的な米ドルの上昇による利益、つまり為替差益を狙った投資をしようと思う方の場合には、あらかじめ米ドルを買う前の段階で、「利益確定のポイント」「損切りのポイント」をある程度決めておく必要があると筆者は考えています。なぜならこれが、損失を最小限に留める、「減らさない運用」の基本だからです。

ここで質問です。パッと見たイメージだと、次のA、B、どちらのほうが魅力的ですか？

【質問1】

A　必ず100万円が当たるクジ

B　50％の確率で200万円もらえるかもしれないが、50％はハズレでゼロになってしまうクジ

では、次の質問です。たとえば今200万円の負債を抱えていたとしましょう。この場合は次のA、Bのチョイスが提示された場合、あなたはどちらを選びますか？

【質問2】
A　負債が100万円減額されるが、残りの100万円は必ず支払わなければならない
B　50％の確率で200万円支払わなければならないが、50％は負債が全額免除となる

アンケートを取ると、たいてい【質問1】の回答としてはAが選ばれる一方、【質問2】ではBの回答が多くなります。

これは、行動経済学では「プロスペクト理論」と言って、不確実性のもとで人はどのような意思決定をするかのモデルです。【質問1】の場合、期待値はいずれも100万円ですが、人は確実に100万円入るほうを選択します。ここでは、「手に入るはずの100万円が得られないかもしれない」というリスクを回避する気持ちが働いています。

【質問2】も、いずれも期待値はマイナス100万円ですが、必ず発生する100万円の損を回避しようとする気持ちが働いて、「ひょっとすると支払いがゼロになるかもしれない！」というギャンブル性の高いほうを選好しがちなのです。

これらは、「人はプラスの時にリスクを回避し、マイナスになるとかえってリスクテーカーになりがちである」ことを示しています。

ディーリングでも同じです。本来は、「利食いはゆっくり、損切りは早く」であるべきところを、利益確定のタイミングは早すぎる一方、損切りは遅くなりがちで、ずるずると損失を膨らませてしまうことになります。外貨を買う時に、最初からある程度利益確定と損切りの水準の目安を決めてから買うとよいというのはこのためです。

銀行のディーリングルームでも、儲かるディーラーは損切りが上手です。彼らは、「このあたりまでだったら買い下がってよいが、この水準を割れたら売りに転じる」という目安を持ってディーリングをしています。

個人投資家の場合も同じで、予算の範囲内で、うまく損切り（ストップロス）オーダーが置ける水準まで相場が来るのを待って、ご自身がベストだと思うタイミングで米ドルを買うという手法を使うことが、損失を最小限に留めることができるコツだと考えています。

コストレートを下げる買い方

さて、もっと中長期的に米ドルに投資しようという人にとっては、短期間で売買するやり方、ディーラー用語で言う「ジョビング」は向きません。一度売ってしまったら、次どこで買うかが難しくなってしまうからです。個人投資家の場合、たとえば米ドルを1米ドル＝100円で買って、115円で利益確定してしまうと、そのまま相場が上昇したときに、次に120円で米ドルを買うのは心理的に非常に難しいというのが実情です。既に15円分の利益が乗っているわけですから、次に1米ドル＝120円で買っても、その時の持ち値（コストレート）は105円なのにもかかわらず、やはり「売ったレベルよりも高いレートで米ドルを買いたくない」という気持ちが強いのです。

のちほど第4章でご紹介する富裕層のインタビューでも出てくるように、分散投資の一部として長期保有する人は、短期的に相場が変動しても、基本的には米ドルは売らずに持ったままの方が多いです。ただ、できるだけコストの良い米ドルを持ちたいのは当然ですから、何かのニュースで米ドルが大きく下落した時などに、意識して多めに米ドルを購入する傾向は見られます。

また、長期運用であれば、「ドルコスト平均法」という方法もあります。これは、毎月末など、同じタイミングでコツコツと同じ円ベースの金額で米ドルを購入するという手法です。こうすると、相場が上がっても下がっても米ドルを買うので、長期間継続すれば、トレンドの平均値に近い持ち値の米ドルを保有することになるのです。

それでもリーマンショックの時のように、とんでもない下げ相場が来て、その時「やっぱり米ドルを売ろう」という判断をしてしまったら、大きな損失を確定することになります。しかし、そんな時にも米ドルの購入を続けていれば、大暴落した時の「安い米ドル」も買うわけですから、結果的にはコストレート（米ドルの保有レート）を下げる効果があるのです。

たとえば毎月5万円の設定だったと仮定すると、為替レートの変動によって、1米ドル100円の時なら500米ドル、80円になれば625米ドルと、円高の時ほど、多くの米ドルを買うことにもなるのです。

米ドルを増やす──コアの米ドルロングをキープする

富裕層の場合も、いくら分散投資の一環とはいえ、米ドルの外貨預金を持ったまま何もしていないかというとそうではありません。一般的には「円を売る↓米ドルを買う↓米ドルが上昇する↓米ドルを売る↓円を買い戻す」によって円価で為替差益を得ようとしますが、米ドルを売る気がない投資家は、**買った米ドルをそのまま米ドルで増やしていこうという考え方**を持っています。

まずは、「コアの米ドルロング」をキープする手法。米ドルが一時的に下落しそうだと思った場合、保有する米ドル全部を売る必要はありません。これは銀行のディーラーなども行う手法ですが、一部米ドルの買い持ち（ロングポジション）をキープするというやり方です。つまり米ドルを100保有していたら、そのうちの50は持ったまま、残りの50をもう少し短期間で売買するというやり方です。

たとえば、いま1米ドル＝100円で購入した米ドル預金が5万米ドル（500万円）あったとしましょう。1米ドル＝115円まで米ドル高・円安が進み、5万米ドル×15円＝75万円の含み益があります。長期的にはこのまま米ドル高・円安トレンドが続くと思っていますが、さまざまな情報からいったんは米ドル安・円高になることが予想される場合には、一時的に米ドルを売るのです。この時5万米ドルすべて売るのではなく、2万5000米ドルはそのままキープして、残りの2万5000米ドルをいったん売ります。仮に115円で売り、105円で米ドルを買い戻せたとしましょう。

この取引で、2万5000米ドル×10円＝25万円の利益が出ます。残りの2万5000米ドルについては、1米ドル＝100円のコストで買ったものが、一時せっかく115円まで米ドル高になったのに、その時に売らなかったことになりますが、トータルで見れば、残りの半分の売り買いで10円幅、25万円儲かった分、5万米ドルの持ち値は5円幅改善することになり、最初1米ドル＝100円のコストで持っていた5万米ドルの持ち値は、いま1米ドル＝95円まで改善したことになります（図表3－1）。

もちろん、この米ドル売りの取引で相場観が当たらずに逆に1米ドル＝120円まで一気に米ドルが上昇してしまうケースもあるでしょう。この場合、2万5000米ドルを115円で売ってしまった分、半分は利益確定が早すぎた、つまり、「機会損失」とはなるものの、この投資家にとってみれば利益確定であることに変わりはなく、しかも残りの2万5000米ドルは米ドルロングを持っているのですから、こちらは含み益と

図表3-1　コアの米ドルロングをキープする

	ドル円相場		BUY	SELL	ドルポジション	円ポジション	持ち値（円÷ドル）
オリジナルポジション	100		5万ドル	500万円	+5万ドル	▲500万円	100
半額を短期売買	115	ドル上昇	287.5万円	2万5000ドル	▲2万5000ドル	+287.5万円	
	105	ドル下落	2万5000ドル	262.5万円	+2万5000ドル	▲262.5万円	
					0	+25万円	←短期売買による儲け
現在の持ち値					+5万ドル	▲475万円	95

元のポジションと合算

5円改善!

＋＝ロング（買い持ち）、▲＝ショート（売り持ち）

（出所）SFH

なっているのです。

このように、長期的に円安・米ドル高が見込まれる局面でも、一時的な下落局面を狙って米ドルの持ち値を改善させる方法があるのです。

コアの米ドルロングポジションをキープしながら、短期・中期の相場の波に乗って米ドルの持ち値（コストレート）を改善していけば、円換算した場合の含み益が上がっているわけですから、保有している米ドルの価値を高めていることになります。

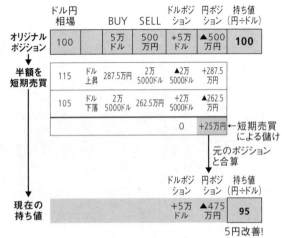

また、もう一歩進んで、米ドルと円の間だけではなく、米ドルとその他の外貨との取引によって米ドルを増やすという方法もあります。第2章では、米ドルとユーロはコインの表と裏のような関係というお話をしました。たとえば今後景気循環で米国経済が減速した際、再び金融緩和を実施することになれば米ドルは下落します。その時は米ドル安相場になりますから、対円だけではなく、さまざまな通貨に対して米ドルは下落するでしょう。

米ドルを増やす――一時的に他の外貨に移す

米ドル安の局面では、一時的に円転して様子を見るのも一案ですが、富裕層は米ドルのままで増やしたいという方も多く、一時的に他の外貨に移すケースも多いです。その場合、第2章でお伝えした通り、一時的な避難通貨としてもっとも適しているのはユーロです。米ドル安相場が来るときは、その反対側でユーロは上昇が見込めるからです。

したがって、この時は米ドルを一時的にユーロに替えておいて、ユーロが対米ドルで上昇するのを待つという手法もあります。ユーロ米ドルが上昇したら、ユーロを売って米ドルに戻せば、米ドルで利益が出ているのですから、米ドルが増えているのです。5

図表3-2　米ドルを対ユーロで増やす法

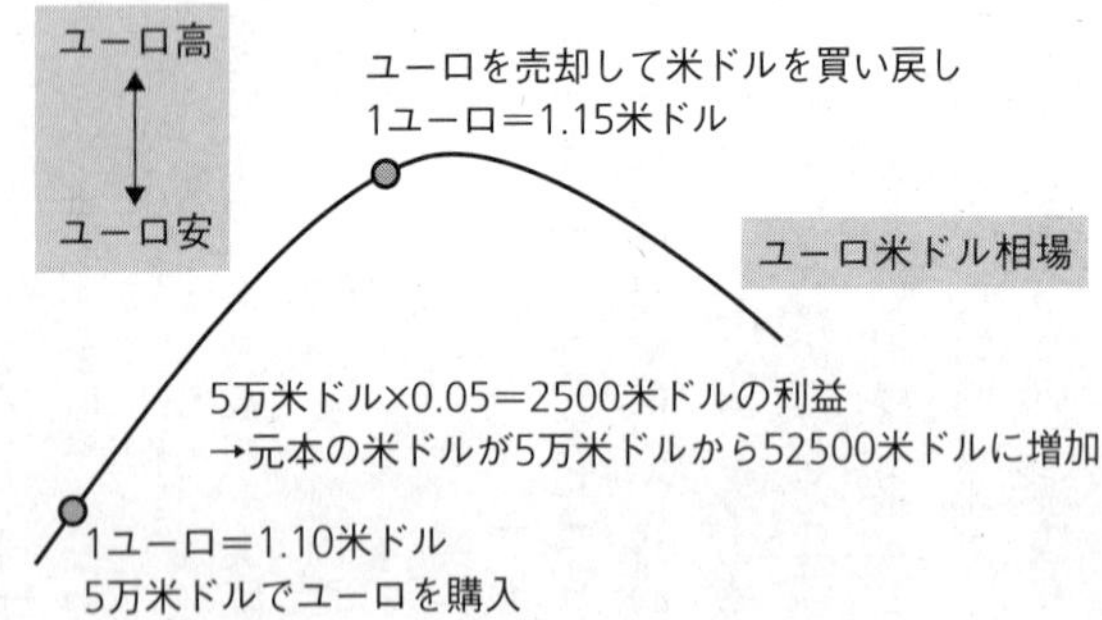

（出所）SFH

万米ドルを1ユーロ＝1・10米ドルでユーロに替え、ユーロ米ドルが1・15米ドルまで上昇したとすると、2500米ドル儲かった分、米ドルは5万2500米ドルに増えます（図表3－2）。

ユーロなどより金利の高い通貨がよいと思ったら、それも可能です。米ドルからメキシコペソやブラジルレアルなどに替えてしばらく保有し、これらの通貨が上昇したら、再び米ドルに戻すという手法もあるでしょう。

これらの対米ドルの取引においても先ほどと同じで、全額動かす必要はありません。持っている米ドルの半分でも、ヘッジのつもりでユーロや豪ドルに移しておけば、米ドル安の波が来ても、米ドル建てで利益を出すことは可能です。日本では、「円高」「円安」といった具合に円を中心に為替が語られ、報道されることがほとんどですが、グローバルスタンダードでは米ドルが中心です。対米ドルでさまざまな相場を見て、取引をしてみることも重要です。そうすることによって、対円だけで相場を見るよりも、為替相場の全体感を捉えやすくなるのです。

米ドルで米ドル建ての投資信託を買う

米ドルのままで運用するとなると、保有している米ドルで、米ドル建ての投資信託を購入するのも一策です。米ドル預金は、米連邦準備制度理事会（FRB）の利上げによって、預金金利も徐々に上昇してきましたが、それでも高い利息がつくとは言えません。そこで、預金よりも少し高めのインカムゲイン（金利収入）が見込める、米国債を軸に投資するような投資信託や、もっとリスクを取るのであれば、格付けが低くても利回りの高いハイイールド債に投資する投資信託、米国株に投資する投資信託、など中身はさまざまですが、これらの米ドル建ての投資信託で運用するという方法もあります。米ドルを長期的に持つのであれば、投資信託は長期保有が適していますから、それらをタイミングを見ながら買い足していくのもよいと考えます。

II　投資信託を通じて海外に投資する

投資信託を選ぶ3つのポイント

外貨投資と一口に言っても、さまざまな方法があります。外貨預金だけでも普通預金、定期預金、また円預金でもデリバティブが組み込まれていて、実は為替リスクを取っている仕組み預金などがあります。また外貨預金とは異なり、証拠金（担保）を預けて、主に短期売買によって為替差益を狙う外為証拠金取引もありますし、外国債券や外国株に直接投資する方法もあるでしょう。ただ、多くの富裕層が外貨預金以外で行っている外貨投資は、やはり投資信託です。

投資信託は外貨建てで購入するものもあれば、円建てで購入しても運用している先は海外で、外貨建てで運用されているもの、また、円安メリットは取りにくくなりますが為替ヘッジ付きのもの、通貨選択型など多種多様です。投資信託は、個人ベースだとアクセスしにくいグローバル金融市場に専門家（ファンドマネージャー）が投資してくれる商品で、中身は専門家が選んだ株や債券など、多様な資産クラス（アセットクラス）

を1つのパッケージにしています。もともと海外の金融市場に対する興味が強く、グローバル志向が強い富裕層にとって投資信託で運用するのが当たり前になっているのも、肯けるところです。

アベノミクス相場によって個人投資家の間にも貯蓄から投資の動きが少しずつ広がりを見せるなか、日本で販売されている投資信託（公募投資信託のみ）は2018年11月に6134本となりました。2008年末は約3500本でしたから、この10年で約2倍の本数になっているのです。この増え方は、目を見張るものがあります。これほど商品のチョイスが多いとなれば、選ぶのも難しいところですが、いくつか選択のポイントを挙げてみましょう。

①投資する目的と、リスク許容度は？

新商品が出たからという理由だけでなく、ご自身の運用目的、投資スタンスに合ったものを選択しなければなりません。また、リターンにリスクはつきものですが、どの程度のリスクを取るつもりがあるのかも、改めて確認しておきたいところです。

投資信託のリスクには、株価などの価格が下落する「価格変動リスク」、金利の上昇によって債券価格が下落する「金利変動リスク」、外貨で投資している場合に外貨の下落によって為替差損が発生する「為替変動リスク」があります。パッケージ商品であるだけに、さまざまな要因で投資信託の値段である「基準価格」が変動します。

その他、組み入れている債券の格下げなどによる「信用リスク」、資産を組み入れている国の政治情勢が急変することなどによる「カントリーリスク」なども挙げられます。最近は、基準価格の変動要因が為替なのか株価なのか、比較的中身が分かりやすいシンプルな商品が好まれる傾向にあるようです。

②「どこ」の「何」に投資しているのか

どこの国や地域に投資し、投資対象となるアセットクラスは何かという点は、もっとも重要な判断要因です。

国や地域については、国内、海外、またその両方に投資するもの、地域では米国集中型もあれば、複数の先進国に投資したり、新興国に集中的に投資してリスクが高まる代わりに高いリターンを目指すものもあります。

アセットクラスについては、株、債券といった伝統的なものだけでなく、原油や金などの商品（コモディティ）に投資したり、不動産投資信託（REIT《リート》）、新興企業の株式などに投資するベンチャーファンドなどもあり、これらは「オルタナティブ」と呼ばれます。

また、たとえば株式投資の中でも、「グロース」は企業の成長性に着目して投資することを指し、「バリュー」は割安な株を選択して投資します。時価総額が大きく流動性が高い大型株に集中的に投資する投信がある一方、将来の成長に期待して、大型株に比べて基準価格の変動性は高まるものの、中小型株に集中的に投資するファンドもあります。また株式か債券かどちらかのチョイスだけでなく、株式と債券両方に投資し、そのおおよその割合については、投信を購入する個人投資家側で選択できるものもあるのです。

③グローバル経済や相場の見通しはどうか

これだけさまざまなチョイスがあると、何を買ったらいいか悩んでしまいそうです。そこで重要になってくるのが、長期的な経済・金融見通しです。

まずは大枠で、今後の世界経済の見通しと、リスクオンなのかリスクオフなのかをイメージしておく必要があります。リスクオンとは、株価が上昇するなど、投資家のリスク許容度が高い状態のことを言い、リスクオフはその逆で、投資家のリスク許容度が低下している状態のことです。米国の金融不安、日米欧が量的緩和を実施し、余剰資金がリスクマネーとなって世界を駆け巡るなかで、「リスクオン」や「リスクオフ」が市場全体を動かす大きな要因となっているため、ここは押さえておきたいポイントです。

基本的にはリスクオンであれば、株価は上昇。債券価格は下落し、金利は上昇傾向。為替は円安、新興国通貨などの高金利通貨が買われ、高金利通貨に対しては相対的に金利の低い米ドルやユーロも売られる傾向があります。「リスクオフ」はその逆で、株安、債券価格上昇、金利低下、円高、新興国通貨安、高金利通貨安、新興国通貨に対しては米ドル高、ユーロ高……という動きになりやすいです。環境次第で、このようなセオリー通りにいかない局面も多々あると思いますが、大枠ではこうしたイメージを持っておくといいでしょう。

まずはその国の景気がよいかどうか、今後も景気が拡大しそうかどうかの見通しを確認し、そのうえで、金融政策の見通しもチェックしておく必要があります。たとえば、景気回復の初期段階から半ばにある国で、金融政策も緩和的であれば、これは「リスクオン」シナリオとなります。しかし、いくら景気がよいからといって、中央銀行が景気過熱やインフレを退治しようと、利上げなど金融政策を引き締めにかかっている時は、リスクオフに傾く傾向があるのです。

投資対象以外に為替リスクも

さて、ここで投資信託の「為替リスク」について取り上げましょう。まず、投資信託には「円建て」と「外貨建て」があります。これは単純に、投資信託（ファンド）の基準価格を何の通貨で表示するかを示しているにすぎません。したがって、「米ドル建て米国株式ファンド」と言ったら、基準価格は「10米ドル」など米ドルで表示されています。一方、同じ米国株に投資するファンドでも円建てのものもあります。

この場合、為替ヘッジなしのファンドであれば、入り口は円で投資しているつもりでも、ファンドは米ドル建てで米国株を買っているのですから、株式市場の値上がりによる利益を円換算した場合に、米ドル円相場が円高に振れた際には為替差損が基準価格にマイナスの影響を及ぼす形で、為替変動リスクを受けることになります。このファンドの場合、株価と為替の両方が、円建てで表示されている基準価格に影響を及ぼすのです。

一方、同じく米国株に投資する円建ての投資信託でも、「為替ヘッジあり」のものもあります。この場合、ファンドは米ドル売り・円買いをして為替リスクはヘッジしてしまいますから、為替変動が基準価格に大きな影響を及ぼすことはありません。

ただ、米ドルの金利が上がって、日米の金利差が開いた時には、この金利差分の「ヘッジコスト」がかかります。金利の低い通貨を売って高い通貨に投資した場合には、高金利で運用するメリットを享受できますが、その逆に、日本より金利の高い外貨を売って円を買うという為替ヘッジを行う時には、必ず金利差分の「ヘッジコスト」がかかる点には注意が必要です。高金利通貨に投資しているつもりでも、ヘッジコストがかかる分、高金利のメリットは縮小してしまいます。また、為替ヘッジをしてしまうと、当然のことではありますが、円安トレンドとなった場合に、円安・外貨高の為替差益が取れないという面もあります。

なお、追加型投資信託（オープン型）といって、運用開始後もいつでも購入できるような投資信託の場合は、常に資金が流出入して、ファンドの資産が安定しないため、100％為替ヘッジをかけることはできません。したがって、ヘッジをかけているつもりでも、完全に為替リスクをゼロにできているわけではない点に注意が必要です。

為替ヘッジの判断を、相場動向次第で運用会社に任せるものもあります。これはファンドマネージャーの裁量次第ということになりますから、その腕次第でうまくいく場合もいかない場合もあるのです。また、ファンドを購入する際に、投資家が「為替ヘッジあり」か「なし」かを選べるものもあります。

あるいはこれから派生して、「通貨選択型」という投資信託もあります。「通貨選択型」として販売されている投資信託にしばしば見られるのは、米国株に投資しているにもかかわらず、ブラジル・レアルやトルコリラなどの高金利通貨の為替リスクを取るものです。なぜこういうことをするかというと、高金利通貨を挟むことで、リターンを高くしたいという狙いがあるのです。

ある一例を取ると、個人投資家は円建てで投資し、投資対象は米国債だったとしましょう。ファンドは、この円を米ドルに替えて米国債に投資します。しかし、この時通貨ヘッジを対円で行うのではなく、対ブラジルレアルで行うのです。つまり、米ドル売り・ブラジルレアル買いのヘッジが行われるわけです。

この場合、先述したとおり米ドルを、相対的に金利の高いレアルでヘッジするのですから、「ヘッジコスト」の反対で、「ヘッジプレミアム」を受けとります。すなわち米ドルとレアルの金利差分が収益になるのです。

個人投資家にとって、このファンドに内在するリスクとしては、米国債の価格変動リ

図表3-3　高金利のブラジルレアルでヘッジする

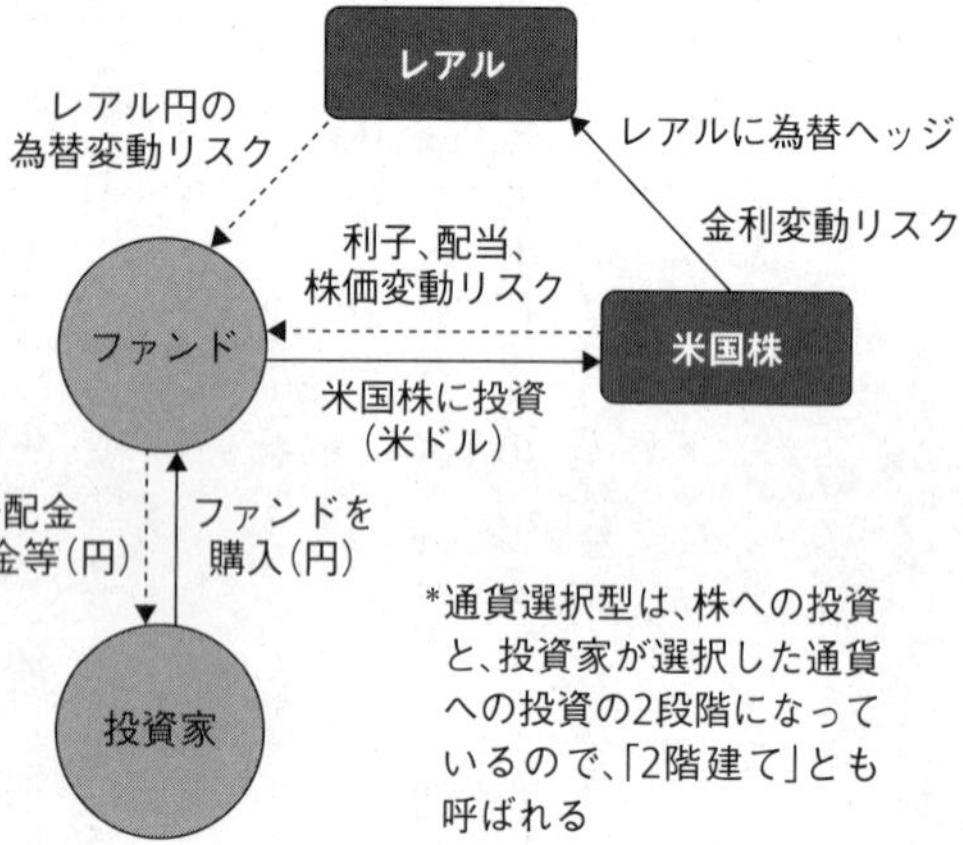

*通貨選択型は、株への投資と、投資家が選択した通貨への投資の2段階になっているので、「2階建て」とも呼ばれる

スクに加え、レアル安・円高に振れた場合の為替変動リスクと、レアルの金利が低下し、米ドルの金利を下回った場合にヘッジプレミアムがコストになってしまう「金利変動リスク」があります。レアルの高金利メリットを取るために、本来の投資対象である米国債とは別の通貨の変動リスクを取っていることに注意が必要です（図表3－3）。

Ⅲ　富裕層の取引が増えている仕組債

さて、投資信託についてはこのくらいにして、ここで少し「仕組債（しくみさい）」のお話をしましょう。なぜなら、富裕層の間ではここ数年「仕組債」の取引が多くなっているからです。

仕組債とは通常の債券とは異なり、先物やスワップ、オプションなどのデリバティブ（金融派生商品）を利用することで、元利金（元本と利子）の支払方法などを柔軟に設定できる債券です。一般的には、元利金の支払額が、あらかじめ「指標」と決めた「参照資産」の値動きに連動して変化する投資商品となっています。この「参照資産」には、外貨（為替レート）、株価指数、個別株式、金利などがあります。

利子は高いがリスクも高い

富裕層に好まれる要因としては、第一に、通常の債券に比べてクーポン（利子）が高いこと。世界的に低インフレ、低金利の環境において投資家に好まれる大きなポイントです。第二に、デリバティブを利用することで、満期やクーポン（利子）、償還金などを、投資家のニーズに合わせて比較的柔軟に設定することができることです。金融機関にもよりますが、ある程度まとまった金額であれば、投資家が希望するキャッシュフローや投資期間、許容リスクなどに応じてオーダーメイドで組成される「私募債」という形で仕組債に投資することが可能です。

一方、仕組債は高いクーポンを得られる代わりにリスクも高いという特徴があります。たとえば通常の債券の場合、あらかじめ利率と満期（償還日）が決まっていますが、仕組債の場合は、「参照資産」の変動に応じて、運用期間中にクーポン（利子）が変化する、あるいは償還日が変わるものが多くあります。また、条件によっては早期償還される場合もあるのです。

かつて豪ドルの金利が高かったころは、仕組債では豪ドルのデュアル・カレンシー債などが流行しました。デュアル・カレンシー債は円建てで発行され、クーポンも円で支払われますが、償還が外貨で行われる、もしくは参照資産（為替レート）の変化に応じて、あらかじめ定められた条件により償還する通貨が円貨となるか外貨となるか、のちのち決定する仕組債です。通常、外貨建て債券に投資するのと同等の利回りを円貨で受け取ることができますが、発行条件によっては高いクーポンレートを得られる代わりに、外貨建て債券に投資するのと同等の為替リスクを含む場合があります。

豪ドルのデュアル・カレンシー債の場合、設定時の「基準為替」が1豪ドル＝85円、「判定為替」はこの水準から10円豪ドル安・円高水準の1豪ドル＝75円に設定されたとします。仮に3年後の判定日に「判定為替」の75円より豪ドル高・円安であれば、円のままで償還されますが、もし判定為替の75円を下回った場合には、償還金は基準為替の1豪ドル＝85円で豪ドルに交換され豪ドルで償還されるのです。現状の為替水準よりも10円以上も豪ドル高で、いきなり豪ドルのロングポジション（買い持ち）が発生するわけですから、円に交換して損失を確定してしまったら、約10円分以上の為替差損が発生することになるのです。

このため、①これ以上円高にはいかないという強い相場観がある方、あるいは、②豪州への不動産投資を計画しているなど長期的に豪ドルの実需があり、仮に10円円高が進んでも基準為替レートで豪ドルを買えれば問題ないと考える方、③分散投資の一環として長期的に豪ドル保有を考えている方、などにとっては、今後豪州準備銀行が利上げサイクルに入るなど豪ドルの金利が高くなった場合にはメリットを享受できるプラス面があるものの、余裕資金で行うべき、比較的リスクの高い商品であることは理解しておく必要があると思います（図表３－４）。

どこでリスクを負っているかを理解する

ここでは為替を参照資産とするものをご紹介しましたが、日経平均株価を参照するものや、ユーロ・ストックス50指数などを参照するものもあり、これらはすべて米ドル建て、もしくは円建てで投資することが可能です。

為替絡みの仕組債では、スーパーボール債（米ドル建て）と言って、現在の米ドル円レートを参照値として、5年後の満期日にこれよりも米ドル高・円安だったら、参照値よりもたとえば40円米ドル高・円安の水準で円換算した金額で償還するというものもあります。

仮に参照値より米ドル安・円高になると、そのまま米ドルで償還されます。顧客にとってアップサイドは40円もあるのに、マイナスはないように見えますが、クーポンが非常に低く設定されています。5年間普通に米国債に投資した場合と比べてほとんど利子が取れないという「機会損失」のリスクを取っていることになります。

図表3-4 仕組債(デュアルカレンシー債)のしくみ

①参照為替が判定為替以上(円安・豪ドル高)の場合
→円で償還
額面全額100%を円価で償還

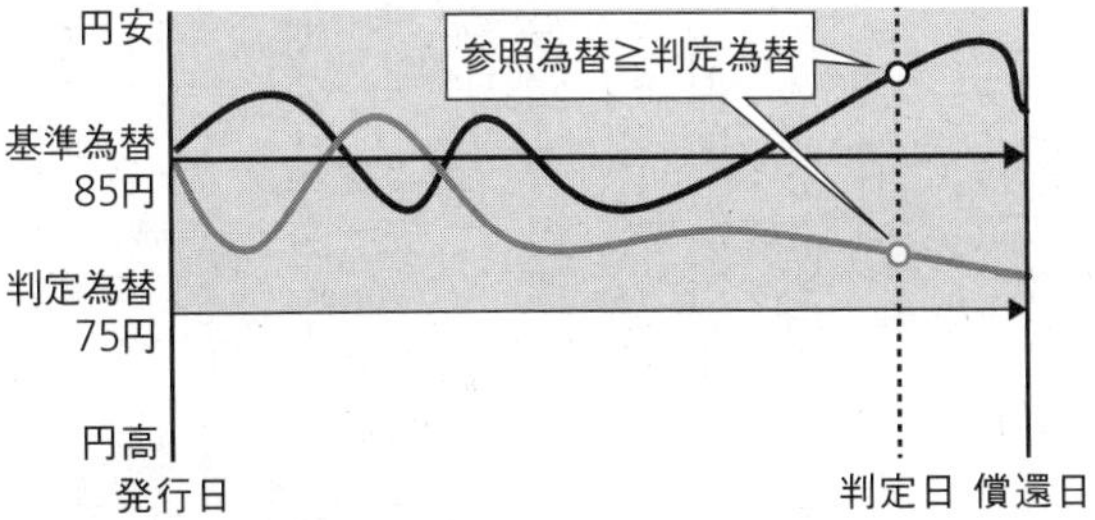

②参照為替が判定為替を下回る(円高・豪ドル安)の場合
→基準価格で換算した豪ドルで償還
額面100万円上がりの満期償還額計算式
満期償還額(豪ドル)＝額面100万円÷基準価格85円

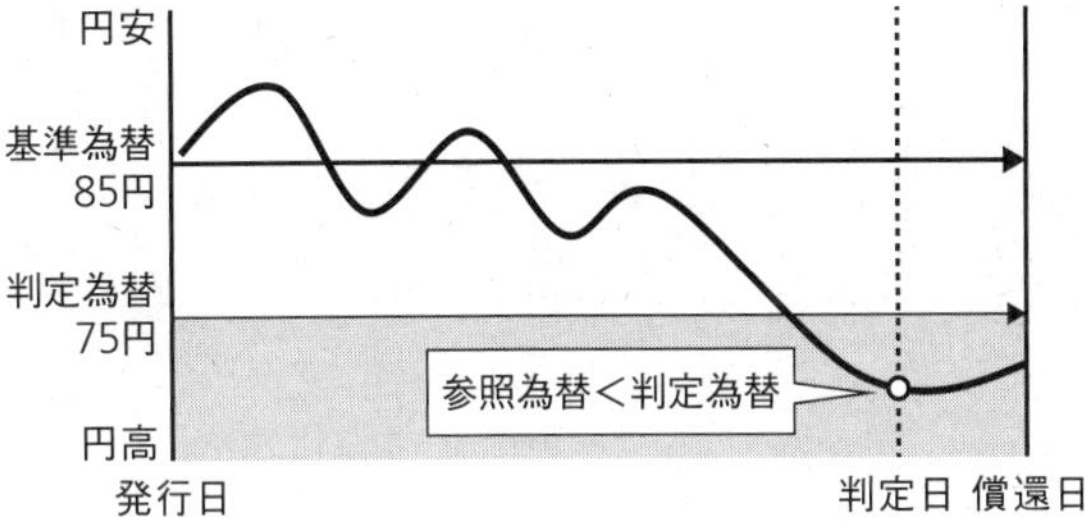

スーパーボール債についても、為替レートの設定条件などさまざまな応用が可能ですが、仕組債を取引する場合は、顧客が得られる高いリターンに対して、どこでリスクを負っているのかをハッキリと理解したうえで取引をする必要があります。

また、長期の運用資金として外貨建て保険などもあります。外貨建て保険とは、支払う保険料や、受け取る保険金や年金、解約返戻金などが、外貨になっている保険のことです。主に米ドル建てや、豪ドル建てなどが見られます。

外貨建て保険は、円建てに比べると、運用利回り（予定利率）が高いので、円建てに比べると保険料が安くなったり、解約返戻金が高くなるなどのメリットがあります。受け取った外貨保険金の円換算金額が為替相場次第で増減するリスクがあります。また、保険料を支払う際の為替手数料は、保険会社によって異なりますが、基本的には契約者の負担となる点も押さえておきたいところです。

ここで、外貨建て保険でメジャーなものをご紹介します。保険会社によって商品性が異なる場合がありますのでご注意ください。

●ドル建て終身保険

終身保険なので死亡・高度障害状態に対する保障は一生涯続きます。保険料は日本円に換算して払い込みます。したがって毎月の保険料が100米ドルだった場合には、ドル円相場によって、円ベースの支払い額が、1米ドル＝100円なら1万円、110円なら1万1000円といった具合に変動します。保険金・解約返戻金の受取通貨は米ドル、または円を選択できます。また、保険料を契約時にまとめて払う一時払いもあります。

●ドル建て養老保険

養老保険とは、生命保険のうち一定の保障期間を定めたものです。満期までに死亡した場合には死亡保険金が支払われますが、無事に満期を迎えた場合には死亡保険金と同額の満期保険金が支払われます。貯蓄と保障を同時に確保できることが特徴です。保険金の受取通貨は米ドル、または円を選択できます。

保険の場合、長期に保険料を支払っていきますから、月々の為替相場の変動によって

図表3-5　時間リスク分散ができる「ドル建て」保険

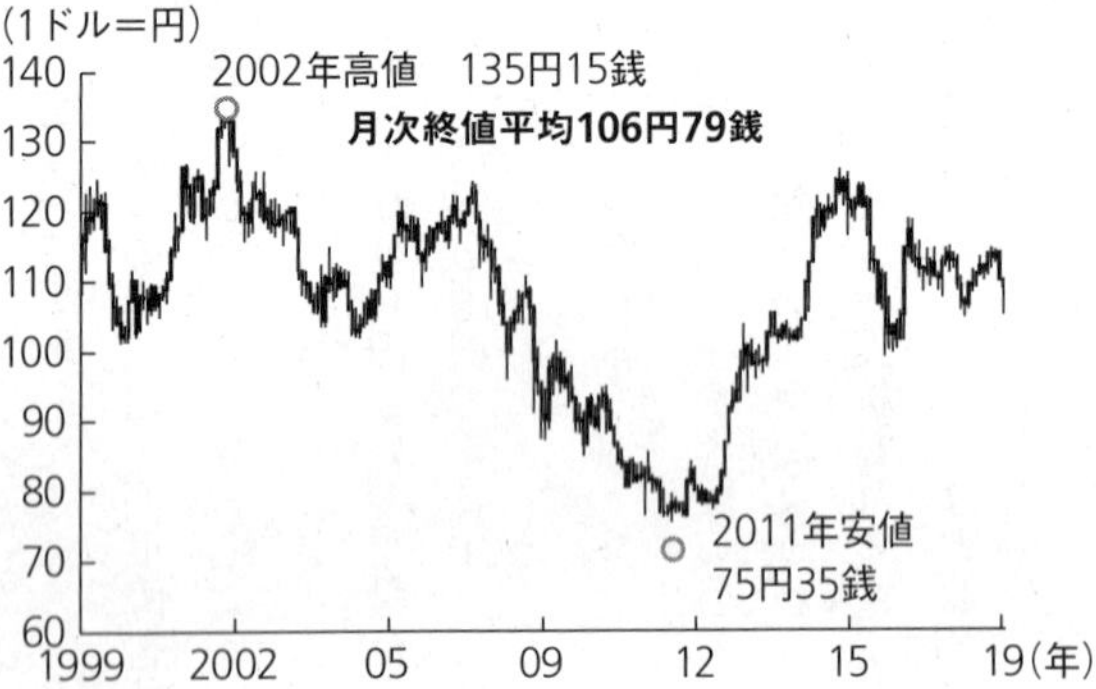

(出所) Bloomberg

月次で円ベースの支払い金額は変わるものの、実はこれが、リスクを分散していることになるのです。仮にAさんが、20年前にドル建て終身保険を契約し、この20年間毎月100ドルずつ保険料を支払ってきたとしましょう。この間最も円安だったのは2002年の135円15銭、最も円高だったのが2011年の75円35銭でした（図表3－5）。これほど相場が変動するとなると、「ドル建て」の保険は怖いと思いがちですが、Aさんは20年かけて一体いくらのコストで米ドルを買ったかといえば、月次の終値平均で、106円79銭だったということになるのです（為替コストを除く）。

135円で一気に米ドルを買った場合、い

図表3-6　外貨投資商品

商品	主な内容
外貨預金	外貨建ての銀行預金
外為証拠金取引	証拠金（保証金）を外為証拠金業者に預託し、主に差金決済による通貨の売買を行う取引
外国債券	海外の国や企業が発行する債券に投資する
外国株式	海外の企業が発行する株式に投資する
投資信託（海外資産で運用）	投資信託で、例えば米国株式や欧州債券といった、海外の金融資産で運用しているもの。申し込み通貨や基準価格が「外貨建て」表示になっているものを「外貨建て投資信託」と呼ぶが、「円建て」であっても投資先は海外で、実質「外貨運用」しているものも多い。
外貨MMF	海外の公社債や短期金融商品で運用する外国籍の「投資信託」。
外貨建て保険	保険料及び保険金や年金、解約金等の支払いが外貨建てで行われる保険のこと。

（出所）SFH

ずれその水準に戻ることもあるかもしれませんが、かなりの時間がかかりますし、ハラハラしなければならない時間も長くなってしまいます。しかし、20年もかけて毎月、相場が上がっても下がってもコツコツ米ドルを買い続けるということは、これだけリスクを減らすことができるのです。個人投資家は「時間を味方につけることができる」と言われますが、それはまさにこのことなのです。もちろん、満期の際にコスト割れしているリスクはありますが、このことを理解していれば、必要以上に米ドルを怖がることはありません。

このように、個人が外貨に投資できる手段、商品は幅広くあります。それぞれ運用期間や目的に合ったものを選んでいくことが大切です。ここに、外貨投資の主な例を一覧にしておきます（図表3－6）。

Ⅳ　外貨建て分散投資のススメ

投資対象とタイミングを分散する

「卵は1つの籠（かご）に盛るな」

これは、もともとはイギリスの古いことわざですが、今は分散投資に関する格言として世界の投資家に知られています。複数の卵を1つの籠に入れて運んでいると、万一その籠を落としたときに全部割れてしまう……。そのリスクを防ぐためには、別々の籠に

図表3-7　分散投資の考え方

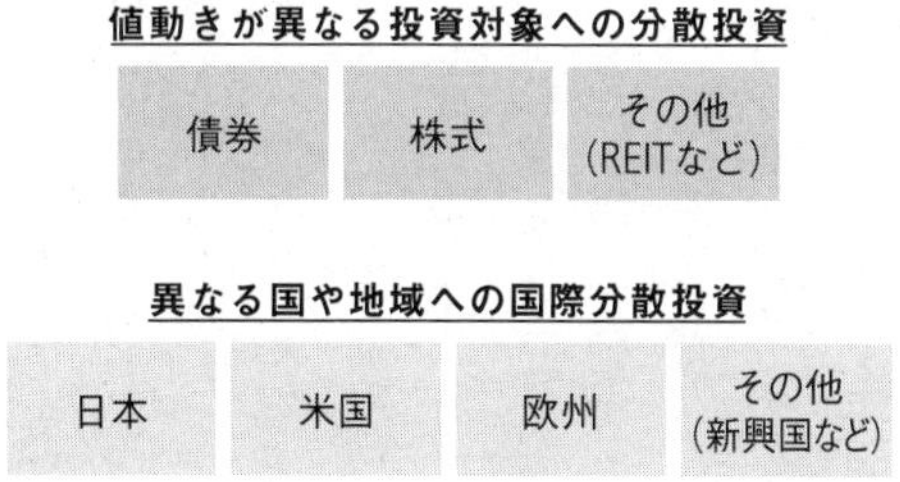

（出所）SFH

入れて運ぶべきだ、という意味を持っています。つまり、投資する際にも株式のような、いわゆる「リスク資産」のみに投資するのではなく、債券のようにリスク回避局面で上昇する資産にも分散しておく必要があるという考え方です。分散投資といってもさまざまな方法がありますが、基本的には図表3－7のような考え方に沿って投資したいところです。

まずは、株と債券両方に投資するということ。株価が上昇している局面では、債券価格の低下によって、株式投資によるせっかくの収益（リターン）が減ってしまう可能性がありますが、仮に突発的なニュースによって市場がリスク回避（リスクオフ）に傾いた時、株価の下落によるマイナスに対して、債券の上昇が損失を和らげてくれる、クッションのような役割を果たすのです。

1つの投資対象に集中するよりも、リターンは小さくなってしまいますが、リスクを低減することができるのです。この投資配分（ポートフォリオ）は、投資家のリスク許容度に応じて決めればよいでしょう。さらに、債券でも格付けが高くリスクの低いもの、格付けが低くリスクの高いもの、株式でもグロースやバリュー株など多くの選択肢があります。

また、投資のリスク（価格変動）の大きさに比べてどれだけリターン（収益率）を得られるか、つまり運用効率のことをシャープレシオと言いますが、それを高めるためには、必要に応じて、一部不動産投資信託（ＲＥＩＴ）や金などの商品といった、いわゆる「オルタナティブ」と呼ばれるアセットクラスに投資するのもよいと思います。ただ、これらは相場の変動率（ボラティリティー）が高い傾向がありますから、投資対象のメインに据えるのではなく、ポートフォリオの一部として考えるのがよいでしょう。国や地域の分散も重要です。ベースとなる日本や、長期的な成長が期待できる米国がメインになってくると思いますが、リターンを狙って欧州やその他新興国などをポートフォリオの一部に入れるのもよいでしょう。

さらに、為替リスクを取るのか取らないのか、ヘッジありかなしか、為替リスクを取るとして、米ドル建てはどの程度にするのかなど、通貨分散を考えます。

分散投資はこうした投資対象の分散だけでなく、投資タイミングの分散も併せて考えることをお勧めします。前述した「ドルコスト平均法」もタイミングの分散の考え方ですが、たとえば外貨建て投資信託にしても、1回でまとめて購入せず、為替や株価動向などを見ながら、下落したタイミングで買い増しするという方法もあります。下がった時に追加購入できる余裕があったほうが、気持ち的にもラクという面もあります。

お任せスタイルの「バランスファンド」「ラップ口座」と「ロボアドバイザー」

こうした、グローバル分散投資を考える際に必要になってくるのが、世界経済や金融市場の見通しです。ポートフォリオとして何に比重を置くのか、何を少なめにするのがベストかは、ご自身のリスク許容度に加えて、今後の見通しを考慮しながら振り分けていくのがよいでしょう。長期投資であれば、短期的な浮き沈みを気にする必要はないですし、あまり短期でポートフォリオを動かすのは得策ではありません。ただ、現在のように米国が緩和から引き締めへの政策の転換点にあるときなどは、それがどのように今後の世界経済にインパクトを与えるかを考えながら、適宜ポートフォリオを見直していく必要があると思います。

これを聞いて、「そういうことは面倒！　自分でアレコレ分散を考える時間もないし、ポートフォリオは専門家の判断にお任せしたい！」と思う方も出てくると思います。そういう方には、「バランスファンド」と言って、国内株式・外国株式・外国債券・国内債券・その他に分散投資する投資信託もあります。バランスファンドの場合、運用しているうちにバランスが変化した場合には、元の資産配分に戻す「リバランス」を行います。株が上昇して債券が下落すれば、それまで25％ずつ投資していたものが、たとえば株は35％、債券が15％、といった具合に投資配分が変化します。この時、株を売り債券を買って25％ずつの投資配分に戻すことを「リバランス」と言います。単に「元に戻す」だけでなく、上がった資産を一部利益確定し、下がった資産を一部買い増しするといった効果も持っているのです。

このような「お任せ」スタイルの投資には、「ラップ口座」という選択肢もあります。ラップ口座とは、投資家の運用目的やリスク許容度を聞いたうえで、金融機関が資産配分の選択を代行するサービスです。「ラップ」という言葉は、ラッピングの「ラップ」で、

「包む」という意味。つまり、資産管理を包括的に代行するという意味を持ちます。この「ラップ」は一般的に、主に3つのスタイルに分けられます。

①**ラップ口座**―SMAとも呼ばれ、金融機関との間で運用代行の契約を結ぶ。投資家のリスク許容度や運用目的に合わせて、金融機関が運用から口座管理に至るまで、すべてのサービスを一括で代行する。取扱いは主に証券会社や信託銀行。金融機関にもよるが1000万円以上などまとまった資金へのサービスで、主に富裕層向け。

②**ファンドラップ**―ラップ口座の小口版。最低預入額が、ラップ口座よりも少額で済む。投資先はラップ口座と異なり、各金融機関が用意した専用の投資信託に限られる。証券会社や信託銀行で扱っている。

③**ラップ型投資信託**―投資信託で、中身は前述した「バランスファンド」とほぼ同様。低リスクで安定志向の「安定型」から、リスクが高めでも高いリターンを目指す「成長型」などのコースを、投資家が自身のリスク許容度に応じて選択することができる。

「ロボアド」という選択肢も

最近では便利なことに、アルゴリズムと呼ばれるコンピューターの計算をベースに自動で投資判断を行う、「ロボットアドバイザー（ロボアド）」が登場し、富裕層のみならず若年層や資産形成層にも資産運用が身近になってきました。

従来の資産運用では、資産配分の決定や金融商品の選定、入金、発注、積立、再投資、ポートフォリオ・リバランス、税金の最適化、といった一連のプロセスは、窓口の営業マンと話し合いながら行っていき、これに対して相応の手数料を払うわけですが、これらをインターネット上で、自動的に一気通貫で行ってしまおうというのがロボアドです。

ロボアドにもいろいろな種類がありますが、例えば、①「世界経済全体に対して分散投資を行う」という方針のもと、世界中の企業に少しずつ長期的に投資を行うという設計になっている、②リーマンショック級の危機が起きた場合のリスクをシミュレーションし「リスクを見える化している」、③資産運用のすべてのプロセスが自動化されている、といった特徴を持つものもあります。

ほかにも、たった5つの質問によって最適な運用プランを提示してくれたり、自身でポートフォリオをカスタマイズするか、お任せ運用とするか選ぶことができるもの、さらには、結婚や住宅購入など、人生のライフイベントに必要な資金に合わせて、どのようなポートフォリオが最適かを提案してくれるものもあるのです。ロボアドと一口に言ってもさまざまなものがありますから、ユーザーはそれぞれをよく比較して自分に合ったものを選び、無理のない金額から運用を始めるのが良いでしょう。

ロボアドの手数料は一般的に投資信託を買うよりも圧倒的に低いです。これを可能としている仕組みはごく簡単で、多くのロボアドは主にETF（上場投資信託）といって、TOPIXやS&P500株価指数といった「指数」に連動している上場型の投資信託に投資しています。ETFは一般的な非上場の投資信託に比べると手数料が非常に低いのですが、そのうえ人を介さずにアルゴリズムやAIがその投資先を自動で選定することで、運用コストを低く抑えることが可能となっているのです。たとえば通常の投資信託は、購入手数料が約3％、信託報酬が年1・5％と、年間で4・5％程度の手数料がかかりますが、ロボアドの多くは手数料が預かり残高の年率1％程度に留まっています。

図表3-8　分散投資効果の検証（長期市場実績）

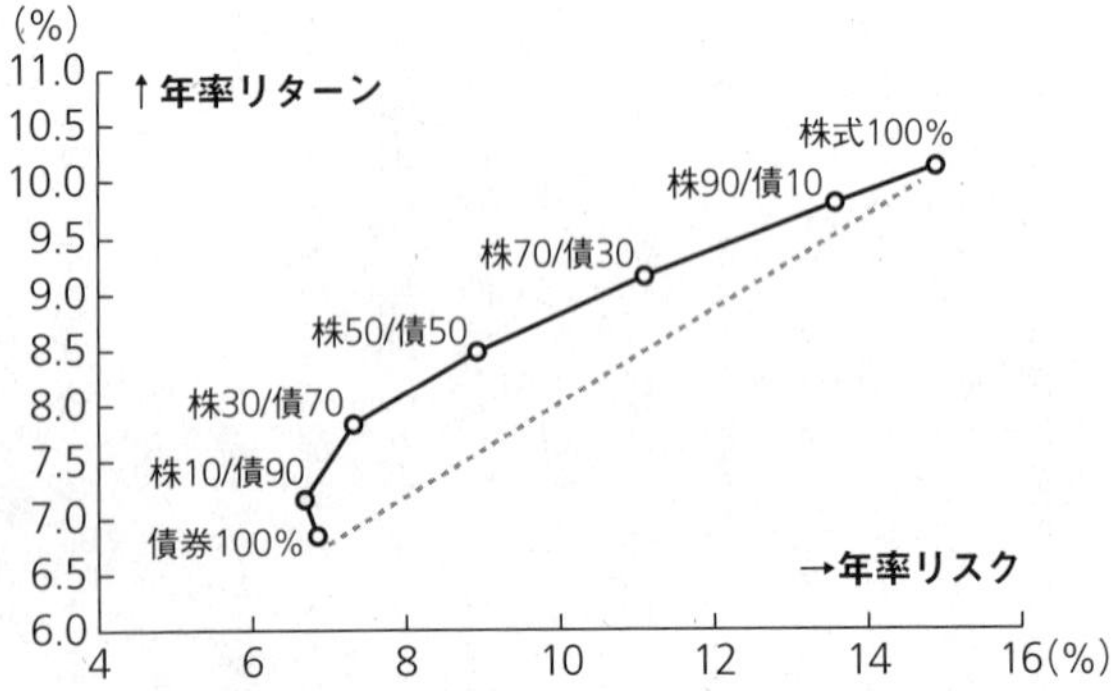

（出所）SFH

分散投資の効果あり

さて、「分散投資」の効果についてもう少し見ていきましょう。

「分散、分散と言うけど、私は保守的な運用がいいのだから、株は一切持たない！　債券でいい！」と考える投資家がいたとしましょう。確かにそれも一つの考え方かもしれません。ただ、ここで「有効フロンティア」を見ながら、分散投資効果を検証してみたいと思います。

「有効フロンティア」とは、株式と債券など、値動きの異なる資産の保有比率に応じて、リスクとリターンの関係がどのように変化するかを示しています。図表3－8は、世界株式指数（ＭＳＣＩワールドインデックス）

と、世界国債指数（シティグループ世界国債インデックス）を使って、1985年1月から2018年12月までの長期間にわたって株と債券に投資した場合のリスクとリターンを示しています。縦軸にリターンを取り、上に行くほど高リターン、また横軸にリスクを取り、右に行くほど高リスクであることを示しています。

これを見ると、100％債券で運用した場合よりも10％ほど株式を組み入れたほうが、よりリスクを抑えたうえで高いリターンが得られていることが分かります。そして、株式の組み入れ比率を高めるほどリスクは高まっていきますが、その際、債券100％から株式100％をつないだ点線のように、直線的にリスクが高まっていくのではありません。点線よりも有効フロンティアのカーブは左側に寄っている、つまり、値動きの異なる資産を併せ持つことによって、リスクを抑制しつつ、効率よくリターンが得られることを示しているのです。

為替にも分散効果

為替についても、長期で見れば分散投資の効果は大きいと言えます。図表3－9は、2000年1月を100として、そこから2018年12月までに、円から米ドルのみに

図表3-9　為替にも分散効果がある

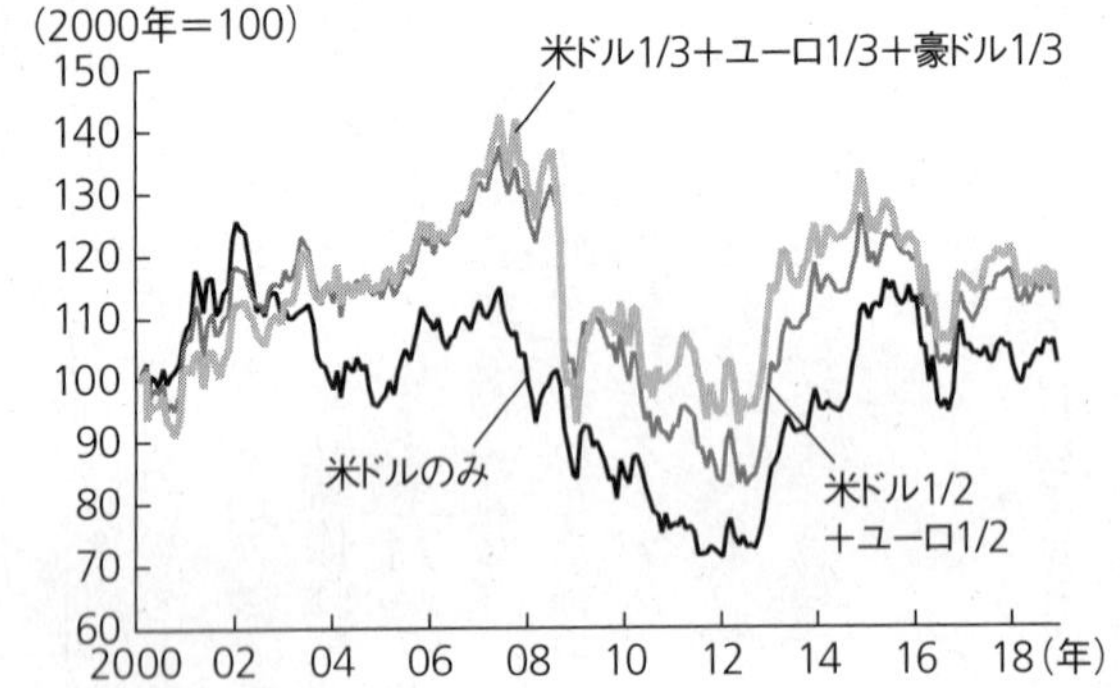

(出所)米国農務省

投資した場合と、米ドルとユーロ半分ずつに投資した場合と、米ドル、ユーロ、豪ドルを3分の1ずつ投資した場合の値動きを見ると、3種類の通貨を組み合わせたほうが、パフォーマンスがよいことを示しています。

リーマンショックの2009年頃を見ると、豪ドルのような（当時は）高金利通貨を組み入れることによってボラティリティーが高まり、下げ幅が米ドルのみを保有した場合よりも大きくなっています。しかし、その後米国の強力な金融緩和策によってドル全面安となっていくなかで、米ドルと値動きの異なる豪ドルやユーロが、米ドルのみを保有していた場合よりも為替差損を小さくする役割を果たしているのです。

便宜上、割合を等分していますが、豪ドルなどのボラティリティーの高さを考えると、外貨の中では米ドルを軸にして、米ドルの配分を多めにするのがよいでしょう。

富裕層については、米国に渡航する機会も多く、海外不動産などから米ドル建てで家賃収入などが入るケースもあり、都合上米ドルは多くなるのが一般的です。金融資産全体の6割程度が米ドルになっている方もしばしば見られます。

値動きの違いを示す相関係数

このように、通貨を分散する際にも、互いに値動きの違う通貨を併せ持ったほうが、分散投資効果が得られます。その「値動きの違い」を示すのが「相関係数」です。

相関係数とは、2つの資産の値動きにどれくらい関連性があるかを示すものです。ある期間の資産AとBの相関係数がプラス1であれば、2つの資産は完全に同じ値動きをしていることを示します。マイナス1は完全に逆相関。つまり、Aが上昇すればBが下落するといった形で真逆の動きになっていることを示します。ゼロであればこの2つの資産の値動きに相関性はないことを示します。さまざまな通貨の対円相場について、2001年1月から、2018年12月までの相関係数表を作成すると、図表3－10のよ

図表3-10　さまざまな通貨の相関係数表

	ドル/円	ユーロ/円	ポンド/円	豪ドル/円	NZドル/円
ユーロ/円	0.37				
ポンド/円	0.69	0.73			
豪ドル/円	−0.06	0.71	0.28		
NZドル/円	0.19	0.74	0.37	0.91	
加ドル/円	0.28	0.83	0.64	0.84	0.78

(注)期間は2001年1月から2018年12月
(出所)BloombergよりSFH作成

うな結果が得られました。

同じ資源国通貨同士の豪ドル円とNZドル円（0・91）、豪ドル円と加ドル円（0・84）、NZドル円と加ドル円（0・78）などの組み合わせは相関係数が1に近くなっています。高い相関性が見られるので、組み合わせて保有しても、下落するときは一緒に下落する傾向があり、分散投資効果はほとんどないと言えそうです。

一方、米ドル円と豪ドル円、米ドル円とNZドル円、豪ドル円とポンド円などの組み合わせは相関性が低いので、併せて保有すると分散投資効果が得られるでしょう。

Ⅴ　GPIFはどのような運用をしているか

165兆円の運用資産が国内株や海外株式へ

「分散投資といえばGPIF！」というくらい、個人投資家の間でも年金積立金管理運用独立行政法人（GPIF）の分散投資は、今や有名になっています。これほど広く知られるようになったのはGPIFの改革が本格的に動きだしてからでしょう。

2013年7月1日、「公的・準公的資金の運用・リスク管理等の高度化等に関する有識者会議」が発足。GPIFについて、分散投資の推進や、株式への長期投資によって利回りを上げることなどが議論されました。メディアでも取り上げられるようになり、新聞には「巨象GPIFが動く！」などの文字が躍りました。当時130兆円だった（2018年7－9月期は165兆円）運用資金が国債主体の保守的な運用から日本株などのリスク資産へと動き出すとの期待が高まり、市場関係者もこの動向を、固唾をのんで見守りました。

こうしたなか、第1章でも述べた通り2014年10月31日、GPIFは新しい資産構成の目安を発表。国内債券は60％から35％に引き下げる一方、国内株式を12％から25％へ、海外債券を11％から15％へ、海外株式を12％から25％へそれぞれ引き上げました。
厚生年金と国民年金の保険料のうち、年金の支払いに充てられた残りの部分で、積立金として積み立てられた資金のことを「年金積立金」と言いますが、これを管理・運用しているのが、GPIFです。組織の名の通り、まさに「年金積立金」を「管理運用」している「独立行政法人」なのです。高齢化により年金給付が増えたため、2009年度からすでにこの「積立金」の取り崩しが始まっており、40年後には積立金は枯渇してしまうのではないかと不安視する声さえあります。

GPIFが新しい資産構成を発表した2014年10月31日の発表資料を見ると、「必要な積立金を確保しつつ、下振れリスクを最小化する」ための、運用目標利回りを「名目賃金上昇率＋1・7％」としています。年金を受け取り始める時の年金額は、現役時代の賃金を基に、名目賃金上昇率に応じて再評価され、受給後は物価上昇率に応じて改定されます。このため、年金給付費が、名目賃金上昇率に連動して増加することになり、年金財政は賃金上昇率を上回る運用利回りが確保される限り維持可能という考えに基づいています。

ただ、現状の低金利下において（国債の利回りは10年物で0％前後、30年物でも0・7％台）、国内債中心の運用では達成不可能との考えから、よりリスクが高くてもリターンが取れる資産にポートフォリオを組み直す（ポートフォリオ・リバランス）というのが、大きな変更点だったのです。

相場押し上げ効果には期待しすぎない

世界最大の年金ファンドがポートフォリオをリスク資産に傾けるとなれば、GPIFの株買い、外貨買いが相場を支えるとの期待から、市場は早々とこのニュースに反応しました。折しも、同日の2014年10月31日に、日銀が追加緩和を発表。GPIFの運用改革と日銀の追加緩和という2つのニュースによって、その後大幅な円安と株高のトレンドが始まったのです。

なお、GPIFの基本ポートフォリオには、「かい離許容幅」が設けられていて、相場変動が激しい場合を想定し、たとえば国内債券であれば35％の配分から±（プラスマイナス）10％かい離してもよい、つまり、45％も25％も許容範囲と決められています。

それ以外の資産のかい離許容幅は、国内株式が目標の±9%、外国債券は±4%、外国株式は±8%となっており、常にキッチリ基本ポートフォリオに合わせなければならないということはありません。それでも、リスク資産も淡々と買い続ければいずれはこの基本ポートフォリオに達することになり、追加の買いが相場を押し上げる効果は減ってしまいます。また、仮に株式市場の上昇などによって日本株の投資割合が増え、このかい離幅の上限を超えた場合にはGPIFが株を売って債券を買い戻す可能性すらあるのです。

したがって個人投資家はGPIFの株買い、外貨買いの相場押し上げ効果については、あまり期待しすぎないほうがよいと思います。たとえば株価が下落して、日本株の割合が基本ポートフォリオを大きく下回った場合には、配分を増やすために株を買い増す可能性はありますから、相場が下落した時の下支え要因にはなりますが、GPIFが買うから株高・円安がどんどん進むとは思い込まないほうがよいでしょう。

実際の運用について、GPIFは外部の運用会社に委託しています。つまり、アセットクラス別の投資配分が決まったら、それぞれの資産について、どの運用会社に運用してもらうかを選定するのです。国内債券、国内株、外国債券、外国株のそれぞれについて、ベンチマークを上回る運用を目指す「アクティブ運用」、ベンチマークに沿った運用を目指す「パッシブ運用」を設けていて、2015年度の運用計画では、運用利回りを向上させるため、アクティブ運用を増やす方針が示されました。運用を委託されているファンドは、たとえば国内株式だけでもアクティブ運用が14ファンド、パッシブ運用が15ファンドとなっています。

ただ、外部委託は手数料がかさみます。GPIFが運用会社に支払う手数料は、2013年度で253億円に上りました。このため徐々に自己運用の割合を増やそうという流れにあります。また、2018年度からは、アクティブ運用の機関投資家に支払う運用報酬の出来高払いを強化しています。つまり、運用が良好ならば上限なく報酬を払う一方、不振ならばパッシブ（指数連動型）運用と同水準に下げる方針です。

外貨建ての運用「外国株式・外国債券」は、通貨の種類や割合について詳細は公表されていません。ただ、GPIFは基本的には為替ヘッジを行っていないので、外貨建て運用の割合が変われば、そのままストレートにその分の円売りが発生することになります。為替ヘッジをしてしまうと外貨建て資産への分散投資の効果が限られてしまうため、必要に応じて一部行うだけに留めているようです。

リターン効果を高めるための新しい取り組み

運用方針も2014年度からいくつか新たなものを取り入れています。たとえばパッシブ運用のベンチマークはそれまで「TOPIX（東証株価指数）」のみでしたが、「JPX日経400」「MSCI Japan」「Russell Nomura Prime」などのインデックスを新たに採用しました。

また、アクティブ運用については、伝統的なアクティブ運用に加えて、「スマートベータ指数」通りに運用する「スマートベータ運用」を採用しています。「TOPIX」のような東証一部上場全銘柄の時価総額の合計を指数化したインデックス（ベンチマーク）通りに運用するのが「パッシブ運用」とすると、「スマートベータ指数」とはこうした「時価総額型」の指数から、たとえば自己資本比率が低いものを除いたり、収益性や財務健全性、配当が低いものを除くなどして、あらかじめ決めた一定の条件でスクリーニングした銘柄のみで構成し直した指数です。中長期的にはTOPIXのようなベンチマークよりも高めのパフォーマンスを期待する指数であるため、「スマートベータ指数」

は「賢い指数」とも呼ばれ、このスマートベータ指数に沿った運用をすることをスマートベータ運用と言います。GPIFが採用したことで、「スマートベータ」は注目されるようになりました。

GPIFは同時に、「J-REIT（不動産投資信託）」への投資もスタートしました。

GPIFが日本に広めた「ESG投資」とは

GPIFは2017年7月3日、ESGに積極的に取り組む日本企業を構成銘柄とする新しいESGインデックス（株式指数）を発表し、同インデックスを用いた運用を既に1兆円規模で開始したことを公表しました。ESGとは、「環境（Environment）」「社会（Social）」「企業統治（Governance）」に対して、適切に配慮・対応している企業のことで、GPIFはこうした企業に積極的に投資をしているのです。

GPIFに採用されたインデックスは以下の通りです。

①総合型 FTSE Blossom Japan Index
②総合型MSCIジャパンESGセレクト・リーダーズ指数
③テーマ型・社会（S）MSCI日本株女性活躍指数（愛称はWIN）

ＧＰＩＦが説明している通り、ＧＰＩＦのように投資額が大きく、資本市場全体に幅広く分散して運用する長期投資家は「ユニバーサル・オーナー」と呼ばれます。こうした投資家が長期にわたって安定したリターンを獲得するためには、投資先の個々の企業の価値が持続的に高まることが重要です。資本市場は長期的に見ると環境問題や社会問題の影響から逃れられないので、こうした問題が最小化されて社会全体が持続可能になることが、長期の投資リターンを追求するうえでは不可欠であると判断しているのです。ＧＰＩＦは、ＥＳＧの要素に配慮した投資は長期的にリスク調整後のリターンを改善する効果があると期待できるとしています。

個人的には、ＧＰＩＦの志は「長期的に安定したリターンを確保する」ことに留まらないと見ています。世界最大の機関投資家であるＧＰＩＦがＥＳＧを重視することによって企業側でもＥＳＧを重視する動きが活発化し、環境改善や女性の活用、コーポレートガバナンスの強化、などが、それぞれ加速的に進んでいくという狙いがあるのではないでしょうか。

今や、ＳＧＤｓ（持続可能な成長目標）を示す、17の目標を表した17色のカラフルなピンバッジを胸に付けることが、特に金融マンの間で一種のステータスのようになっていますが、こうした「長期的な企業の成長（Sustainability）」に人々がここまで注目するようになったのは、GPIFの影響が大きかったのではないかと思います。

なお、前述した通りGPIFの「投資原則」は、「年金財政上必要な利回りを最低限のリスクで確保することを目標とする」と決められています。これだけ株式や外貨投資の配分を増やすことが「本当に最低限のリスクなのか？」との批判もあります。ただ、「為替ヘッジなしで外国株や外国債券に投資している」「（いまのところ）ほとんどファンドに委託している」などを考えれば、投資信託を買っている個人投資家に似ている面もあります。アクティブ運用とパッシブ運用をバランスよく取り入れている面や、国債、株式、国内、海外の分散投資など、個人投資家の参考になる面もあると言えるでしょう。GPIFはここ数年で大きく改革を進めており、今後の動向にも注目したいところです。

第4章　富裕層は外貨投資が常識

1章で触れた通り、本書の執筆にあたり、6名の富裕層の方々にインタビューの機会をいただきました。筆者は為替が専門ですから、最初はどうしても「外貨投資について聞きたい」という気持ちが強かったのですが、インタビューで実際にそれぞれの人生観などを幅広く詳しく伺っているうちに、「外貨投資だけを紹介するのはもったいない」という思いが次第に強くなりました。

人それぞれ人生にはストーリーがあり、さまざまな経験の積み重ねで今があります。そのストーリーを聞いて分かったことは、「富裕層になろう」と思って一生懸命お金を貯めた人はいないということです。どちらかと言えば、自分のやりたいこと、情熱を傾けられることを一生懸命やってきたら、結果的にお金が後からついてきた、というケースが多いのです。

もちろん、お金は沢山あればあったでよいですが、彼らにとってはあくまで人生をサポートしてくれるパートナー的な存在です。せっかくのパートナーを無視して放置してしまうか、パートナーにきちんと働いてもらうかと言えば、当然働いてもらうべきで、お金を有効活用するために資産運用をするのです。外貨投資も資産を通貨に分散しておきたいという考えからで、決して「20円の円安相場を当てて大儲けしよう」などと考えているわけではありません。

お金は人生のパートナー。それを改めて確認した今、せっかくですので本章では、外貨投資のみならず、インタビューにご協力いただいた皆様の多種多様な人生のストーリーを幅広くご紹介します。

I　投資が趣味？

東京都在住・70代女性・Aさん

もともと投資に興味あり

まず、最初にご紹介するのは東京都にお住まいのAさん。70代の女性です。

そもそもなぜ「富裕層」になったのかストレートに伺ったところ、答えは至ってシンプルで、ご主人がビジネスで成功されたからとのこと。ご主人はアメリカ人。戦後の日本では、計画造船などの政治的な支援もあって、造船業が急速に拡大し、輸出船ブームが到来していました。戦前はタンカーなどの造船技術は西欧が圧倒的に進んでいましたが、戦時中の軍艦造船を経て戦後は日本の造船業が活発化し、海外から技術が持ち込まれると同時に、米国など海外からの受注も増えていきました。こうしたなか、高度経済成長期に来日したアメリカ人のご主人は、造船に関連したビジネスで大きな財を成したそうです。

「主人とは、1970年代に日本で知り合って結婚し、二人でアメリカに移住しました。その後1987年10月19日、いわゆる『ブラックマンデー（史上最大の世界的株価暴落）』が起きたのですが、主人はなんと、その翌日にあるアメリカ企業の株を購入し、これによって莫大な利益を上げるという経験をしたのです。すると、これをきっかけに金融市場に興味を抱いたようで、経済誌や新聞を熟読するなど勉強し、情報収集をしていました。そんな時、とあるアメリカ人大富豪で主人の親しい友人に、『自分の資産の一部を将来寄付したいのだが、その資産の管理運用を任せたい』と言われ、この資金を元手に友人と何名かで資金を集めて投資顧問会社を作ったんです」

90年代に入ってご主人が他界され、1995年の阪神淡路大震災を受けて、もともと神戸ご出身だったAさんは「日本人なのだから、日本が大変な今こそ日本に帰ろう」と思い立ち、帰国。生前ご主人が投資のプロだったことから、もともと興味があったこともあり、徐々に投資にのめり込んでいったそうです。

「私ね、投資が趣味なのよ～！」

もともと非常に明るい方ですが、投資に対してもあくまでポジティブ。Aさんは外貨投資の経験も長く、円から外貨への投資は、1980年代後半から行っていました。ただ、海外生活が長かったこともあり、円以外の通貨に投資すること自体に「特別感」はないそうです。数億円のご預金のうち、約4割が米ドル。その米ドルを使って米ドル建ての投資信託や米ドル建て債券などで運用されていました。それ以外は海外時代に残してきた資金が、かなりの額英国のプライベートバンクで運用されていて、これはそのまま放置状態。長期運用と決めていて、「気づいたら増えていた」そうで、普段はほとんど気にしていません。一方で、日本株に投資する時などは、日本のネット証券でサクサクと短期売買を行うこともあるとか。さすがに「投資が趣味」と言うだけあって、長期運用と短期運用の両方を上手に使い分けています。

プロにも通じる運用スタイル

現在は、「アベノミクス」効果もあり、ほとんどの金融資産がプラスになっているようです。これだけ長期間運用していれば、当然市場がリスク回避に傾き、相場が急落するようなことは過去にあったと思います。しかし、「投資で、これは失敗だったな……と思う失敗談などありますか？」とお聞きしたところ、「それがねえ、私、ほとんど大きな損ってしたことないのよ」と一言。

おそらく、Aさんは非常にハッキリとした自分なりの相場観があるうえ、とっさの判断力に長けているため、損失を最小限に留めることができたのではないかと思います。竹を割ったような性格なので、たとえば、「持ち続けるか、やめるか」の判断をしなければならない時には、ぐずぐずと考えずに短期間でスパッと決めて、あとはくよくよしない、というスタイルなのでしょう。

このため、損している商品を長々と持ち続けて損失がどんどん拡大してしまうようなケースはほとんどなく、逆に、持つと決めたら相場が悪化しても保有、何年か後には相場が戻っていた、というケースもあるようです。

ポイントは、短期的に運用する資産と、長期的にほぼ動かさずに、金利や分配金などで稼ぐ資産との境界線が明確な点です。金融機関のディーラーやファンドマネージャーなどプロの投資家は、投資する際には保有期間と方向性が明確ですが、それに近いものを感じました。

また、Aさん曰く、何らかのニュースで相場が急落した時に、大きな資金でまとめて買っておくというのが、個人の運用で成功する秘訣だとのこと。そうすると、後からふと気づいたときに大きな利益を生んでいることが多いと、ご主人やご自身の経験を元に話していました。もちろん相場が急落している時は、普通は買うのは怖いものです。プロの投資家でもそうです。なぜなら、下落トレンドの時に買うということは、買った当初はしばらく損失（評価損）となることがほぼ確実だからです。

株式投資の有名な格言のひとつに、「たい焼きの頭と尻尾はくれてやれ」があります。どんな相場でも、最安値を買ったり、最高値で売ったりするのはほぼ不可能です。したがって、たい焼きにたとえて、頭の部分と尻尾の部分はあきらめて、つまり最高値や最安値を狙わずに、その手前で相場に参加するべきだという考え方を示しています。Aさんはまさにそれを実践しているのです。

海外はじめ、情報収集を怠らない

さらに驚くのは、Aさんがギリシャ問題、英国の欧州連合（EU）離脱を巡る問題など、海外情勢に精通していることです。インタビューの際にも、これらのトピックについて、かなり詳しく議論をさせていただきました。

外貨運用には海外の情報が必要ですが、普段どういったところから情報を得ているのか聞いたところ、まず、年に1回は渡米して情報収集するそうです。実はAさんの場合、お孫さんたちがニューヨークで金融機関などに勤務しているため、金融市場の動向に詳しく、海外の投資家目線の話を聞くことができます。実際、米国が震源地となって、世界の金融市場に多大なインパクトを及ぼすことが多いのは事実です。たとえば米連邦準備制度理事会（FRB）の利上げが世界の最大の関心事となっているときに、こうした情報が実際にニューヨークの現場から得られる意味は、非常に大きいと言えます。

これに加えて、テレビのニュース、特に海外の情報もしっかりとカバーしている番組が好きで、筆者もレギュラー出演させていただいているテレビ東京のニュース番組「モーニングサテライト」などは、よくご覧になっているとおっしゃっていました。

また、Aさんご自身が「エンマ帳」と呼んでいるノートには、株価や為替など、市場の終値が毎日記録されています。そんなAさんは一言、次のようにおっしゃいました。

「投資をするなら情報収集は特に大事。なぜなら、数字には必ず理由があるからです」

為替でも株でも、市場に買いたい人と売りたい人がいて、それらの売りと買いが交錯することで、今の価格（レート）が形成されています。その人たちがなぜ売りたいのか、なぜ買いたいのか、上昇にも下落にも、横ばいの相場にさえもそれなりの理由が必ずあるのです。Aさんのようにそのことをきちんと理解し、情報収集を怠らないことこそ、資産運用がうまくいく秘訣なのです。

また、今後の世界経済に関して、心配していること、不安に思うことは何かと尋ねたところ、「欧州情勢や国内政治、中国の政治動向など」とのこと。一方で、米国経済に対しては高い信頼を寄せていました。「米国に行って肌で感じることは、アメリカ人の国民性が楽観的なところが経済にとって最大の強み。今後も世界経済を牽引する存在であり続けると思います」とAさん。

最後に、これはインタビューをさせていただいたすべての方に共通してお訊きしたことですが、「これまでの人生で、一番リスクを取ったところ（運用などに限らず）、ここ一番！　と勝負したと思うこと、エピソードなどがあれば聞かせてください」と聞くと、「それはアナタ！　やはり主人と結婚したことよ〜！」と笑いながら回答。
「当時は外国人と結婚すること自体、親族からも相当反対されたし、私自身もリスクは高いと感じていました。でも、主人と結婚したことによって私の世界は一気に広がったし、視野も広がった。その時思い切って飛び込まなければ、普通の人生で終わっていたと思います」

海外へプライベートジェットで旅行するお話などは、聞いているだけで優雅な気持ちになります。たとえば、海外の免税店でショッピングした時、普通は空港の受け取り所に行って、預かり伝票を見せて受け取るスタイルですが、プライベートジェットとなると違います。そもそも飛行機に乗る場所が違うそうで、たとえばカルティエで買った商品はカルティエが機内まで届けてくれるとか。

そんな優雅な生活をされている方が、投資のための情報収集をコツコツ行い、エンマ帳をつけている様子はなかなか想像しにくいですが、実際のところ、そういう日々の努力と「投資が好き」という前向きな気持ちが、結果としてみれば上手な資産運用につながっていると言えるでしょう。

II　投資も人生もタイミングがすべてだ！　大阪府在住・70代男性・Bさん

米国留学、米国企業に勤務、そしてアジア進出

これほどチャレンジ精神に満ちた人生もなかなかないと思いますが、聞いてみるとご本人は「人生でリスクを取った」という意識をほとんどお持ちでないから不思議です。

2番目にご登場いただく大阪府にお住まいのBさん（70代男性）は、保有資産100億円以上の超富裕層ですが、最初のチャレンジは米国の大学に留学するところから始まります。

Bさんは当時を懐かしそうに振り返りながらにこやかに話し始めました。

「日本の国立大学を卒業しましてね、その後アメリカのアイビーリーグの大学に留学したんですよ。政府の留学制度で行ったのですが、当時の枠はたったの10名。試験に受かったので思い切ってMBAを取りに行くことにしたんです」

それだけ聞くと順風満帆に聞こえますが、留学中は大変な思いもしたとか。

「アメリカに行くと言ったら親が反対しましてね。仕送り一切なしですよ。当時は1米ドル＝360円ですから、文部省から出る留学支援金なんて、米ドル換算したら雀の涙でした。それで生活費を全部払うんですから、食べるにも困りましてね。もうありとあらゆるアルバイトをやった。あの時の下宿のお母さんにはだいぶ助けられたなあ……」

慣れない環境でMBAの勉強にも身が入らず、生活も苦しいなかで挫折しそうになり、そろそろ日本へ帰ろうと思っていた矢先、アメリカの大学の先輩に誘われて訪れたのが、その後52歳で引退するまで勤めることになる、某米企業。その時、面接に現れたのが、その後生涯のビジネスパートナーであり上司となる、同企業のCEOでした。この会社は、ミクロン、つまり1000分の1ミリの世界を追究する機械メーカーで、Bさんが入社した当時はまだ社員200名ほどの規模だったそうです。

そのなかで日本人はBさん1人。まだ米国で働く日本人は少ない時代、社内でたった1人の日本人で、英語もネイティブではないとなれば、会社で嫌な思いをすることもあったのではないか……と思いきや、そこはアメリカ人の違うところ。その時まさにこの会社は日本に進出しようとしていたため、Bさんは、社内で唯一日本語が話せる社員として貴重な存在で、経営陣や同僚からとても大事にされたのだそうです。周りの人と違うこと、周りの人にはできないことができることは同僚からの尊敬を集めると同時に、それによる「会社への貢献（contribution）」を評価されるのが、米国企業のカルチャーなのです。

ところが、いざ日本進出となって、社員60名ほどの日本の中小企業を買収し、Bさんは日本支社のCEOに就任するのですが、実は、日本での第一歩のほうがよほど苦労したとのこと。買収された日本企業の社員にとって、Bさんはいくら日本人でもアメリカから来たヨソ者であり、Bさんに対する日本の社員からの警戒心は、予想以上に強かったのです。

また、外資系メーカーということで、当時は通産省の規制の壁も厚く、国内販売規制、輸出規制など、ありとあらゆる規制によって縛られていたそうです。アメリカにいたときは「仲間」として大事にされていたのに、日本に帰ってからのほうが「ヨソ者」扱いだったというのはとても残念ですが、Bさんはその壁を一つひとつ崩していき、70年代の日本の高度成長の波にもうまく乗って売り上げを伸ばし、実績を作っていきました。数年後にはBさんが社長を務める日本支社は社員600名規模まで拡大していたのです。

しかしこの後、再び転機が訪れます。1985年のプラザ合意を経て急速に円高が進むなか、「日本で生産→海外へ輸出」のビジネスモデルがうまくいかなくなってきます。米ドル円相場は1米ドル＝260円台から3年後の1988年には130円台まで、約50％急落。この翌年1989年に、Bさんはいよいよ、アジア進出を決めます。

最近では2007年の米国発の金融不安をきっかけに米ドル安・円高が進行し、2011年には1米ドル＝75円台をつけましたが、この円高局面で、日本の製造業が生産の拠点を海外に移す「産業の空洞化」が加速したのは記憶に新しいところです。為替の変動に損益が大きく左右されない収益構造にするために、過度な円高が進めば企業でこうした動きが出てくるのは当然の流れと言えるでしょう。

しかし、この約20年前の1980年代から、Bさんはすでに財務戦略として海外に生産拠点をシフトすることを考えていました。同社は香港の企業を買収。買収先の香港企業を経営していた社長と意気投合して生涯の盟友となるのですが、アジア全体のCEOとなったBさんはその方と二人三脚で協力しながらアジアでの事業を拡大していき、52歳でリタイアする時には、同社はアジア全体で7500名の社員を誇る規模にまで成長を遂げました。

52歳というと、リタイアには早すぎるのではないか、と思いますが、Bさんは退職金1ミリオン米ドル（約1・2億円）を受けとり、まさにハッピーリタイアメント。その後は悠々自適でのんびり……とはならず、驚くべきことにBさんの挑戦はまだまだ続きます。Bさんは退職後にMBAを改めて取り直そうと決意し、関西の私立大学の大学院で景気循環論を学びました。それと同時に、資産運用に特化しはじめ、Bさんの資産はさらに増えていくのです。

生活資金と運用資金を分けて大勝負

1980年代、Bさんがちょうど日本に戻っていた時期でした。お父様が他界し、遺産相続がありました。5億円相当の資産が引き継がれ、Bさんはこれを不動産に投資。ちょうど不動産バブルの初期だったことから不動産での運用は当たり、資産は数年で約10倍に増えました。しかし、1989年には、不動産神話はそろそろピークを迎えたと読んで、これを売却。もともと相続された資産だったので、兄弟で分けて、Bさんの手元には15億円が残りました。

その後、米ドル安・円高が進行し、1995年に1米ドル＝79円台をつけたところで、その15億円を今度は「いまだ！」と全額米ドルに外貨預金します。1998年に米ドル円は1米ドル＝145円台をつけますが、Bさんはそこで全額米ドルを売却。

売却後しばらくは大きな投資は行いませんでしたが、タイミングを見て2003年、小泉政権の時に、この全額を株式に投じ、2006年に売却。この間の株高で、資産は数十億円規模になりました。

最後の大勝負は2011年。米ドル円が75円台をつけた円高局面で米ドルを購入。その頃筆者は初めてBさんにお会いしたのですが、急速に円高が進む局面で、筆者が「これ以上米ドルは下がらないと思う」とお話ししたのが強く印象に残ったそうで、この時米ドル建てのETF（指数連動型上場投資信託）とREITを購入。その後の米ドル高・円安によって、資産は大幅に増加しました。

これだけ大勝負を何度も繰り返しているように見えても、Bさん本人にとっては、無理して過大なリスクを取ったという思いは一切ありません。Bさん曰く、**ここ一番という時に勝負に出られる秘訣は、生活資金と運用資金をキッチリ分けていたこと**にあるとのこと。Bさんは、日頃派手な生活はせず、自分がお金におぼれることのないよう、ハデに飲まない、外車に乗らない、など自分で決めたルールはしっかり守ってきたとのこと。老後の生活資金としては、会社からの退職金で十分で、相続によって得た資金は運用に徹することができたのです。

そのように「お金」の使い方を明確に割り切っていたことで、イザというときに思い切った投資ができたため、結果的にはリスクを取ることによって、高いリターンを生むことができました。仮に損したとしても、生活資金とは分けて管理していたために、生活資金に手をつけることは絶対になかったことも、精神的な安定にもつながり、冷静な資産運用を長く続けることができた根拠になっていると思います。

サイクル論とタイミングを重視

また、Bさんが投資する際のポリシーもハッキリしています。

第一に、思い切った投資を行う時と、様子を見る時が明確である。第二に、日々起こるニュースや細かい相場の振幅は気にせず、徹底して「循環（サイクル）論」に基づいた、投資の「タイミング」にこだわっているのです。したがって、Bさんにとってはテクニカルチャートも非常に重要で、毎日方眼紙にチャートを手書きしているとのこと。とにかく研究熱心で、いま研究しているのは、エリオット波動と、酒田五法の2つです。

これらを簡単に紹介しましょう。エリオット波動とはテクニカルチャート理論のひとつで、1つの相場には「上昇5波動」と「下降3波動」が存在するという考え方。上昇第1波→調整→上昇第2波→調整→上昇第3波、の5つの波を描き、下降局面では、下降第1波→戻し→下降第2波、の3つの波動を描くという考え方です。つまり、上昇局面では底上げしながらゆっくり上昇していくことが多く、下落局面では、一気に下落して一度は反発するという波を示しています。サイクルには、10年サイクル、スーパーサイクルと呼ばれる50年周期など長期サイクルもあり、これらに当てはめて相場を見ると、今の相場はどの局面にあって、そろそろ買い、売りなどのタイミングを見極めることができるというものです。

一方、酒田五法とは、江戸時代の相場師・本間宗久によって考案されたテクニカル分析で、ローソク足の組み合わせによって、売り場や買い場を読む5つの法則を指します。ここでは詳しく説明しませんが、「三山」「三川」「三空」「三兵」「三法」があり、これも相場の売り買いのタイミングを読むのに使いやすい分析です。

思えば投資のみならず、ビジネスの判断においてもタイミングが重要でした。米国企業がまさに日本進出を検討していたタイミングで、米国で勤務するという判断。円高のタイミングでアジア進出を決めるという判断。それぞれまたとないタイミングでチャレンジすることが、その後の成功につながっています。

サイクル論とタイミングを重視しているBさんが、将来もっとも不安に感じていることは、世界で歴史的に10年サイクルで起きている金融不安が再び起きるリスクはあるのかどうかということ。また、過去の震災の起きたサイクルから考えると、そのリスクは再び高まっているのではないかということです。

Bさんは、人生であまり大きなチャレンジをしたつもりはないそうですが、これまで見てきたように、一般的に見ればチャレンジに満ちた人生と言えるでしょう。そのためか、ご本人も人生を振り返って「非常に楽しく、面白い人生」とおっしゃっていました。リスクをリスクと思わず、むしろ楽しめる秘密は、Bさんの根底に流れる「自信」ではないかと、お話ししていて感じました。米国やアジアでの幅広い人生経験。また、52歳から大学院に通い直す、勉強熱心な姿勢。それらの経験に裏づけされた、「万一失敗しても大丈夫！　いくらでもまたやり直せるし、生きていける！」という自信があるからこそ、「ここ一番」でリスクを取ることができるのではないかと思います。一方で、保有資産を運用と生活費に分けるなど、リスク管理もしっかりと行っています。

Bさんが投資をする際重視している相場の格言、「**おごらず、あなどらず、くじけず**」を、人生においてもしっかり実践していることが分かり、楽しくも非常に勉強になるインタビューでした。

Ⅲ「自分のお金ではない」という意識

京都府在住・40代男性・Cさん

資産を減らさずに後継に継承する

インタビューをさせていただいた方のなかでは、もっとも「保守的」と言える方かもしれません。お話を伺ったのは京都府にお住まいのCさん（40代男性）。

生まれは京都市内の農家です。土地を耕作していると同時に、土地や建物を貸す、不動産業も行っています。これだけを聞いてしまうと、「大地主さんかー。それじゃあ生まれながらにして富裕層でしょ？　参考にならないですよ」と思う方もいるかもしれませんが、お金に対する考え方、資産継承に対する真面目な取り組みや社会貢献について訊くと、そういう印象は吹き飛んでしまいます。お話を伺って、筆者自身も「目からウロコ」と思うことが沢山ありました。

まずは、銀行の預金通帳に並ぶ数字を思い描いてみてください。普通なら、「私が稼いだお金なんだから、このお金は私のお金」と考えそうなところかもしれません。しかし、金融資産数十億円のCさんの考え方はまったく違っていました。

「家にあるお金は、いま仮に私の名前になっているけれど、実際には私のお金ではないという感覚なんです。家族のなかで、『これは私のお金！』などと考えている者は一人もいないんですよ」

つまり、Cさんの収入の多くは不動産収入であって、その元になる土地は京都で古くから何代もC家で引き継がれてきたものであり、もはやいつ、誰がどのようにして手に入れたものかも分かりません。そこにたまたま生まれたCさんは、C家の長い歴史のなかで今たまたま、その土地を預かっているのであって、お金も土地も「自分の物」という感覚がないのです。しかし、Cさんは相続権利者であるため、納税によって減ってしまう分は資産運用で増やし、全体として「資産を減らさずに後継に継承する」ことが、Cさんにとって重要な課題です。したがって「儲けるのが目的」という運用ではなく、「減らさないための運用」なのです。

「農業をやっていますからね。体を動かし、汗水たらして農地を耕して得た収入は、自由に使っていいと思うんです。これは自分のお金という感覚かもしれません。ですが、今後インフレになっていくなかで現金の価値は実質的には減っていくと思うし、納税のことも考えると、資産を減らさずに『次世代に送る』ということが、いかに難しいかということなんですよ」

外貨投資は「減らさない運用」の一部

外貨投資を始めたのは18年ほど前。農家の方は基本的に現金主義で、クレジットカードもあまり使わないそうですが、海外旅行するのに海外のATMで簡単にキャッシュを引き出せる銀行が便利だと友人に勧められて、当時の外資系金融機関に口座を開設したのがきっかけとのことでした。それまでは、土地建物以外の「金融資産」では、もともと株は持っていましたが、これは売り買いすることはまったくなく保有したまま。あとは銀行預金という構成でした。

しかし、その後、外貨預金や、外貨建て投資信託など、円以外の通貨での運用手段の多様性を知り、外貨運用をスタート。今は、金融資産のうち、約半分は外貨で運用しているのだそうです。一部豪ドルなどもお持ちですが、基本的には外貨のほとんどが米ドル。今は、日本円の資産価値が将来下がる可能性や、米国経済の根本的な強さなどを考慮し、**為替レートがどうなろうと、米ドルを持っていることは、資産分散の意味でも重要**だと考えています。

実は、政府の政策の変化がこうした「資産運用」に対する考え方に影響を与えた面もあるとか。かつて、農地の固定資産税は、宅地に比べて非常に低いのが当たり前でした。しかし、高齢化なども影響し、実際に土地を耕作して農業で生計を立てる農家が減っていくなかで、「休耕農地」、つまり、農地になにも手を加えずに、そのまま自然に任せている状態の農地が増加。この土地を有効活用すべきとの判断から、政府は2014年、休耕農地に対する固定資産税を重くする方針を固めました。休耕農地への固定資産税を2～3倍に引き上げる一方、農地を貸し出せば固定資産税をゼロにするという、休耕農地に対する課税強化を初めて決定したのです。

「これまで、農地はだいぶ優遇されてきた面があると思いますが、かなりこうした優遇はなくなってきているんです。ちなみに私自身は、農地の有効活用はすべきという考え方です。正直なところ、私はもともと農業にこだわっているわけではなかった。日本の法律も変わっていくなかで、農地を農地として持つことの意味は少なくなっています。特に京都市内の農地はどんどん市街地化していく。そういう流れのなかで、時代に応じて資産も形を変えていかないといけないんです。形を変えながら財産も守り、後継に送っていかなければいけない。今は、土地に不動産を立てて貸したり、農地そのものを貸したり、また売却して金融資産として運用したり、資産保全の方法もいろいろあるわけで、こうしたなかで、私にとっては外貨投資はその『減らさない運用』の一部になってきたのです」

米ドルが下落しても売る気はなく

そうは言っても、ここ18年間と言えば、サブプライムショックやリーマンショックもあり、米ドル安・円高が大きく進んだ局面もあったはずです。その時はどうやって切り抜けたのかと伺ったところ、Cさんは可笑しそうに笑って、「何もしませんでした！」と答えました。リーマンショックの頃はちょうど2年間アメリカに住んでいた時で、何かしようとしても、なかなかできない環境にあったことが、かえってよかったのではないかと振り返っています。

「ジムに行ってテレビをつけながらランニングするでしょ？　アメリカのテレビのニュースでは株価情報なんかもしょっちゅうやっていますからね。みるみるうちに株価や米ドル円が下落しているのを走りながら見ていましたが、何もできずに放置状態です。ただ、特に恐ろしいとは思いませんでしたよ。これだけすべての資産が下がっているということは、世の中じゅうの人が同じ思いをしているんだって考えたんです。世界中の人が同じように苦しい思いをするような世界的危機であれば、これは必ず何かテコ入れが入る。みんなが手をつないで下がっても、みんなが手をつないでまた浮上する時もあるさ、と。楽観的だったんですね」

そもそも米ドルが下落しているからといって売ろうという考えはなかったとか。米ドル預金を持っていれば米ドルは海外でも使えるので、「日本円に替えればレート次第で金額が変わるけれど、アメリカでは1米ドルは1米ドルのまま」という考え方なのです。

どこでも使うことができ、流動性もあって、運用商品のチョイスも豊富という、米ドルの資産としての価値を重視していて、そのため相場の振幅に関係なく、米ドルは保有しているのです。

金融機関は目的で使い分け

Cさんは、付き合う金融機関も上手に使い分けています。

たとえば、農地の運用に関しては、メガバンクが主な取引先。日本の大手の金融機関は、支店網もあり地元での活動も歴史が古く、土地活用に関する地元に根差したさまざまな情報を持っているのが大きなメリットだと言っていました。たとえば、土地活用をしようと思った時に、あのあたりの土地であれば商業用地としての需要があるとか、あるいはこのあたりなら駐車場とか、農地の転用ひとつにしても、どんなニーズがあるのか、かなりの情報を提供してくれるとのこと。一方で、金融資産の運用先として、世界の金融市場の情報提供などの面でも使えるような銀行とも、お付き合いがあります。

どの銀行についても、担当者が誰かを非常に重視していて、その人の努力や人柄などを、付き合う際の重要なポイントだと考えています。一方で、その担当者には一切隠し立てをせず、基本的には全部話すというのがポリシーとのこと。隠し立てのない付き合いをして、初めて長期的な視野に基づいた顧客のニーズを理解してもらい、需要と供給をマッチさせることができる。したがって銀行との付き合いにおいては、お互いの信頼関係を非常に重視しています。

社会貢献も忘れない

将来不安に思っていることとしては、日本の安全保障の問題、日本の財政問題などを真っ先に挙げました。特に財政問題については、他の方もほとんど心配事に挙げていましたが、ひとつ、他の方が挙げていなかった興味深い心配事としては、さまざまなことがお金の価値に換算されるようになっていることに対して、不安を抱いているのだそうです。

「経済活動が高度化するにしたがって、いろいろな物がお金の価値に換算される時代になってきたと思います。時間さえもがお金の価値に換算されるし、人の行動自体がお金に換算されてしまうような、そういうところがあると私は思っています。すべてお金に換算できるということは、非常に便利なことではあります。お金を介して人と人との付き合いがスムーズに行く心地よさはあるかもしれない。でもそういう心地よさはともすると『お金がすべて』というような、拝金主義的な考えになっていく可能性があると思うのです。私は人の幸・不幸は、心の持ちようで変わると思っている。あまりにお金に執着すると、資産のある人だって幸せとは限らないと思うんです。だから私は、お金はもちろん大事だけれど、それが絶対的に重要なものではないと思うようにしています。私のようにたまたまこういう家に生まれた人間が受けた恩恵は、次の世代にもきちんと継承していくと同時に、私のような経済的な後ろ盾のある者が、社会的な活動として何かできるのではないかと思いました。ここは京都ですからね、やはり地元である京都に貢献したいという気持ちと、学生の時から書や狂言をやっているので、日本の古典芸能など文化を支援する活動をしています」

もともと継承されてきた資産を守る。そのための運用は保守的なものでした。ただ、このように保守的な方であっても外貨運用、特に米ドルを保有することは当たり前になっているのです。これは、新たな発見でした。また、経済的に恵まれた方が社会や文化に貢献する意識も重要で、いま日本文化が世界でも改めて見直されているなかで、日本経済への貢献度は大きいと思います。京都という土地柄のせいか、お話もゆったりと進んでいき、こうした心の余裕こそが日本の文化を守り、次世代に残していくために必要なのではないかと感じました。

Ⅳ 「今の値段で未来が買える」の意味とは　大阪府在住・50代男性・Dさん

事業を興し、売却し

「会社潰してやったんよ」

「……ライバル会社を、ですか?」

「ちゃうで。親父の会社や」


次にご登場いただくのは、大阪府にお住まいのDさん、50代の男性です。今は、M&A（企業合併や買収など）を扱う会社を経営していますが、高校生の時は体育の先生になろうと思っていたとか。一大転機が訪れたのは、お父様の「やれると思うなら、やってみろよ」の一言でした。Dさんのお父様は、ガソリンスタンドの会社を経営していましたが、そのまま継ぐ気にはどうしてもなれませんでした。一般的には、親の会社がせっかくあるのですから、そこにとりあえず入って、ゆくゆくは経営を変えていくという手法を取りそうなものですが、Dさんの考え方は違っていました。

「そんなやり方してたらダメだよ。俺がライバル会社作ったら、親父の会社はきっと潰れるよ」とストレートに伝えたところ、「かまわないから、自分でやってみなさい」と言われたそうです。

Dさんは、ガソリンスタンドを使う顧客をじっくり観察し、時代の流れを読みました。日本はデフレの真っただ中。人々は100円でも節約することを考えている。高級車に乗る人ほど、「自分の大切な車を傷つけられたら大変！」と、ガソリンスタンドのサービスとして当たり前だった、車の窓ふきなど必要ないという人が多い。喫煙者が減るなかで、灰皿の取り換えも減っていく……。

折しも消防法が緩和されたことで、セルフサービスのガソリンスタンドが認められるなか、「これからは日本のガソリンスタンドもセルフが流行る」と確信したのです。大阪で初めてセルフガソリンスタンドを手掛ける会社を作り、少しずつ導入したところ、瞬く間にDさんの会社は波に乗り、拡大していきます。まさに予言通り、昔ながらの経営スタイルを維持してきた親の会社は畳むことになりました。

しかし、Dさんはここで、せっかく波にのった会社を売却するという、驚くべき行動に出ます。

「ハイブリッドカーが出てきたりするとね、ガソリンスタンド自体の経営が難しくなってくると思ったんですよ。さっさと会社を売ると言い出したら、みんな仰天していました」

その後会社を売却して得た資金と5億円の借り入れで、マンションを1棟建設。オフィスとしても利用できるようにして、外国人を中心に賃貸を始めます。すると、ビジネス目的の外国人に賃貸するマンションは少ないため、非常に高い需要があり借り手には困らない状況が続きました。英語教室をやりたいという外国人にも貸したことで、ご自身もそこで英会話を勉強するという機会にも恵まれました。そのマンションは最近売却したとか。

外貨投資では為替オプション付き仕組み預金

外貨投資をしているのはここ10年ほど。外貨預金や為替オプション付き仕組預金などから始めました。為替オプション付き仕組預金は、オプションが組み込まれている預金商品です。これは、たとえば円で預金をする際に、預金者側が為替のオプションを売却することによって、その分高い金利を享受できるというものです。ただ、オプションの満期日に判定レートより円高だった場合には、円で預けた預金が、その判定レートで米ドルに変わるため、仮に円高が進んでいたら為替差損が発生するリスクがあるタイプの預金なのです。リスクを取っている分、金利が高めにつくので、為替相場に自分なりの相場観がある方や、為替相場が好きな方などは、このタイプの預金を比較的頻繁に行うケースもあります。

その他には外貨建て投資信託や、豪ドル建ての仕組債なども保有しています。一年の半分は豪華客船でクルージングの旅に出て、海外で生活しているというDさんの外貨投資の配分は、やはり米ドルがほとんどでした。

「アメリカでは1米ドルは、米ドル円相場が動いても1米ドルでしょう？　円安になったら利益確定して円で使えばいいし、レートが悪ければ米ドルのままで使えばいい。相場に合わせて使えばいいんです。米ドルは世界中で使えるし、信用力を考えても、やっぱり米ドルでしょう。アメリカ人は楽観的だから、マインドの強さが全然違うんですよ。あれだけの金融不安を経験しても、景気は早々に持ち直している」

自分の足で現場を見にいく

そういう海外情勢についてどこから情報を得ているのかというと、米国とオーストラリアに不動産をお持ちで、ここから得られる情報が大きいことが分かりました。これらは賃貸によって米ドルや豪ドルで安定的な家賃収入を得るためのいわば収益物件。インターネットで時々米国の土地の値段を見るにつけ、米国経済が堅調であることを確認できるとおっしゃっていました。

「アメリカの景気もそろそろピークアウトとか、よく言うじゃないですか？　アメリカの土地の値段、物件の賃貸状況などをチェックしていたら、そんな話を聞いてもまったく怖くないですよ。アメリカ経済は強い。それと、やはり情報収集は自分で行って、自分の目でも確かめてみないといけません」

Dさん自身も米国には頻繁に足を運びますが、ご子息が米国のデトロイトに留学していたために、そこから得られる情報も多かったようです。

「リーマンショック後で自動車産業が苦しかった時に、デトロイトの街がゴーストタウンになっているような映像がテレビなんかでよく報道されていたじゃないですか。あれも街中とか一部の話であって、少し郊外に出たらものすごい活気ですよ」

2008年のリーマンショックを経て、米国が景気後退に陥るなか、2009年にはクライスラー、GMと、米自動車ビッグ3のうちの2社が相次いで経営破綻。自動車産業に頼っていたデトロイト市では失業者が溢れ、2013年7月にデトロイト市が連邦破産法9条の適用を申請し、事実上の財政破綻となりました。しかし、同年の地価を見てみると、郊外の高級住宅地など一部の地域では、既に住宅価格が回復しつつあったことが分かります（図表4－1）。

図表4-1　米国の住宅価格推移

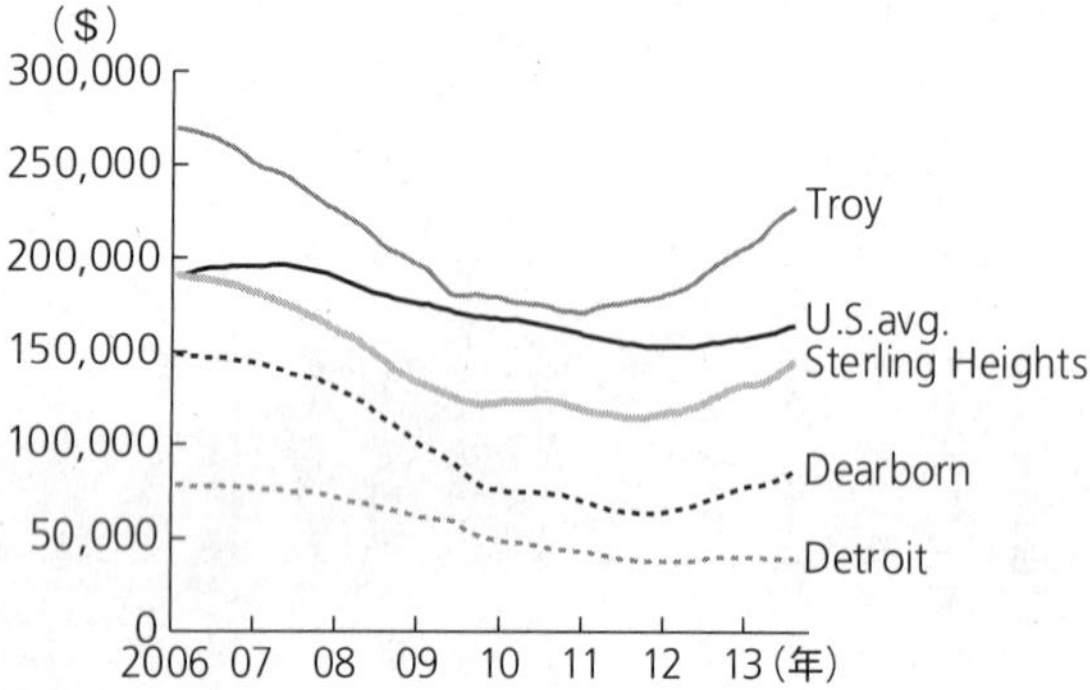

（出所）IHS Inc.

こうしたことからDさんは、ニュースや報道などを決して鵜呑みにせず、自分の足で現場を見に行くことを何よりも大切にしています。

「まさに『百聞は一見にしかず』ですよ。あとね。もうひとつ重要なことをお教えすると、**自分が動けば、外にはいろいろな出会いがあって、そこから運も回り出すんですよ。お金はそこについてくるんです。まさに一期一会。その時の出会いを大切にしないといけません**」

聞けばオーストラリアの物件との出会いも、たまたま知り合った人に勧められて。隣のビルに銀行が来ることも教えてもらったとか。

好立地で非常に良い収益物件となったそうです。また、こんな話も聞きました。

「岡山で知り合った知人から古民家を数年前に購入したんです。かなり広大なところでたった数百万ですよ！　私は基本的に自分で確認しに行くので行ってみたところ、古い蔵なんかもありました。だいぶ古くて使えないんじゃないかとは思ったけど、どうしても買ってほしいということだったし、これなら広いしいいかと、全部そのまままとめ買い。そしたらその後古民家のブームが来て、私が買った値段の数倍出すから売ってくれという人が出てきた。これもすべて私が出会いを大事にしてきたこと、それから自分で動いてきたことによるものなんです。クルーズだって、半分はビジネスチャンスを探しにいくような面もある。たとえばクルーズでVIPルームの顧客専用のバーやクラブなんかに入ると、そういうところに社交の場があって、みんながお互いのビジネスの話をしていたりする。アメリカの非常に儲かっている農家さんの社長がプライベートジェットを買うのにも付き合ったことがありますが、それもクルーズで友達になった人です」

「クルーズでVIPルームに乗る意味が分かるでしょう？　そういうことに使うお金は惜しまないようにしています。何事も中途半端はいけない。『金は天下の回りもの』と言いますよね？　お金はここぞという場面では使えば使うほど、逆に入ってくるものなんですよ。だから買うとなったら、もしいくつかチョイスがある場合には、なかでも一番いいものを買うんです。**今の値段で未来が買えると思ったら、安いものでしょう？我々は未来を生きているんですよ**」

Dさんはこれまで、

- **人と同じことをやらない**
- **中途半端なことはしない**
- **使うべき時は思い切ってお金を使う**
- **人との出会いを大切にする**
- **百聞は一見にしかず**

などをすべて実体験から重視し、人生のモットーにしています。最初のガソリンスタンドから始まり、いろいろな経験談を聞くと、いかにもリスクの高そうな人生という感じがしてしまいますが、最後に非常に興味深いお話を聞くことができました。

リスクテイクとリスク回避のバランス感覚

「私はね、資産運用はしていますけど、賭け事は絶対にしないんですよ。リスクに対して敏感なんですね。息子や社員にもよく、『一歩下がるな。十歩下がれ』と言っている。つまりね、攻撃と防御のメリハリをつけるということなんです。中途半端に一歩下がって相手にぶつかっていっても、相手への影響は少ないですよね。ただ、十歩下がってから ぶつかっていけば、相手にはかなりの衝撃がある。高くジャンプしようとしたら、長い助走が必要だ。人生も投資も一緒です。私の場合、様子を見るときは徹底的に何もやらず、その代わり幅広く情報収集したり、徹底的に周りを観察しているんです」

これを聞いて「なるほど」と、すべての始まりだったガソリンスタンドの時の話を思い出しました。セルフスタンドを始めるときに、まずは周りをよくよく観察していた話です。

「常に120%で全力投球している人ってね、下がることを知らないから、周りを観察できていないことが多いんですよ。自分の目の前にあることしか見ていない。言い換えればすぐ先の未来しか見えていないんです。リスクを取るときに失敗しないよう、全力投球することができるように、下がることも知らないといけないんです。投資も一緒ですよ。徹底的に下がった株や外貨を買えば、リスクは少ないはずです」

そんなDさんが将来心配していることは、火山の噴火などに代表される自然災害でした。また、中国や韓国などアジア各国の経済状況なども懸念しています。これらの市場を通じて、相場が急に荒れる可能性もあるのではないかと、相場が動かない時ほど、突然荒れるときのことを警戒しているのだとか。

富裕層になったいきさつや豪華客船の旅など、「豪快」なイメージの強いDさんですが、深くお話を聞けば聞くほど、無駄なリスクを取らず、慎重な側面もお持ちであることが分かりました。リスクテイクとリスク回避のバランス感覚やメリハリが、投資のみならず人生においていかに重要かを再認識。また、「今の値段で未来が買える」「我々は未来を生きている」との言葉を聞いたときは、自分の前向きな行動次第で、明るい未来がやってくるのだと、目の前がパッと明るくなりました。多くの方に知っていただきたい、心に残る一言です。

V　何でも実験したくなる

東京都在住・40代男性・Eさん

フリーター生活から一念発起して税理士に

波乱万丈の人生をお聞きしているうちに、あっという間に時間が過ぎていました。1時間ほどのインタビューのつもりが、終わってみたら優に2時間超え。東京都にお住まいのEさんは、神戸ご出身の40代男性ですが、この若さで豊富な人生経験をお持ちです。それだけに、ストレスやショックに対して強いのか、一般的にはかなりきついと感じそうなことも、サラリと乗り越えているように見えました。実際ご本人曰く「あんまり無理したとか、チャレンジしたという意識はなくて、僕にとってはすべてが必然だった気がします」とのこと。

Eさんのお話は高校を中退したところから始まります。ただ、中退についても「とにかく早く仕事がしたかった。働きたかったんですよ。学校も特に好きじゃなかったし」とサラリ。

しかし、それからは一筋縄では行かなかったようです。手に職をつけたい。職人になりたいと思い、まず目指したのは寿司職人。ですがこれは長くは続きませんでした。次は大工になる夢を見て、工務店に勤務。しかしこれも続かず、正規雇用はここまで。その後はバイトを転々とする、いわゆる「フリーター」生活が続きます。

しかしここでEさんに、その後の人生を変える出会いがありました。あるとき青果市場でアルバイトを始めると、ここで2人の友人と巡り合います。1人は、同じくアルバイトでしたが、将来弁護士を目指す神戸大学の学生さん、もう1人は中小企業の元社長さんで、会社が倒産した後青果市場で働くようになった年配の方。この2人と意気投合したのです。

青果市場で夜から朝まで働いて、よく明け方に3人で飲みに行っていたとのこと。それはそれで楽しかったそうですが、しばらくすると、その年配の元社長さんに突然真顔で、「君は頭が悪くない。勉強しなさい。ここでバイトしてちゃダメだ」と言われ、ハタと目が覚めました。

仕事仲間もできてバイト代も稼いで、特に悪くはない日々。でも、自分の居場所ではないという潜在的な意識が、その一言でハッキリと目の前に現れたのです。もともと高校を中退したときに、ご両親から「大学入学検定試験（大検）だけは受けておきなさい」と言われ、高校卒業同等の資格は持っていたため、青果市場での一言から一念発起して大学の受験勉強を始め、明治大学に見事合格します。この時は大検を取っておいてよかったと、本当に親に感謝したそうです。

しかし、Eさんのキャンパスライフは一風変わっていました。90年代前半は学生の起業が流行っていた時期で、「起業」に興味を持ったEさんは、大学のイベントサークルをベースに、仲間とイベント会社を起業したのです。しかしそこで、企業経営の難しさを痛感することになります。アルバイトの一端として仕事を受けていた時と、実際にオフィスを構えて、他にも山ほど専門の同業他社があるなか、イベント企画や司会の派遣で利益をあげることは本当に難しく、結局その会社は1年ほどで畳むことになります。

その後、青果市場のときにアルバイトの同僚が弁護士を目指していたことを思い出し、自分も資格を取りたいと、税理士を目指すことにしました。なぜ税理士だったのかと尋ねたところ、大検の時に簿記を学んでいたこと、イベント会社で経理を担当していた経験と、「手に職」というかねてからの夢もあって、自分に向いていると思ったのだそうで、結果、無事合格します。

ただ、ここからの道のりも決して平坦ではありませんでした。大手の外資系コンサルティング会社に入社し、EさんはそこでしばらくM&A関連の税務の業務を行っていました。

人脈ではなく、人間関係

当時は携帯やPHSが爆発的に普及し始めていた頃。端末を無料で配る代わりに、代理店側は携帯電話キャリアから1契約あたり数万円の報奨金が支払われるというビジネスモデルで巨額の利益を得ていた某通信会社が、ある時、ネット系ベンチャー企業への投資を行うベンチャーキャピタル（VC）を立ち上げることになりました。そのVCの当時の社長が、なんと、Eさんが学生時代にアルバイトをしていた六本木のバーの顧客だったそうで、社長から直接「ウチの会社に来い」と誘われたことをきっかけに、EさんはそのVCに転職を決意します。

ITバブルの波に乗って、親会社の通信会社株は一時急騰。ストックオプションを保有していたEさんもその頃はウキウキでしたが、それも束の間。携帯キャリアから支払われる報奨金を受け取るため、大量の携帯電話架空契約を同通信会社の代理店が行っていたという問題が発覚。折しもITバブルが崩壊したダブルパンチで、同社の株価は、あっという間に暴落してしまいました。

こうしたなか、VCでEさんが担当した投資先のひとつにメディカル関係の会社があり、その上場を手伝うために、EさんはVCからその会社に転職。最高財務責任者（CFO）に就任します。しかし、同社の上場が結局は叶わずEさんは退職。この後、2002年にEさんは独立し、税理士事務所を立ち上げることを決めました。

「僕、『人脈』って言葉はあんまり好きじゃないんですよね。でも人間関係はすごく大事だと強く感じています」

とEさん。「人脈」を積極的に作るというタイプではないそうですが、これまで一緒に働いた同僚を自然と大切にしてこられたのが、Eさんの仕事にもプラスに働いているようです。前述した通信会社はVC立ち上げのころは巨額の利益をあげ、資金力があったために幅広い業種の名だたる企業から優秀な人材を集めていました。同僚の士気も高く上下関係もなかったため、良いチームワークで仕事ができたとのこと。

税理士事務所を立ち上げてからは、さっそくVC時代の元同僚で、新たにベンチャー企業を立ち上げた人などから仕事を頼まれるようになりました。通常、税理士事務所は得意分野の業種や業態がある程度固まってしまうそうですが、Eさんのように、金融関連からIT企業まで幅広い分野のクライアントを抱えることができたのは、かつての同僚からの直接の依頼や、紹介のおかげだとのこと。Eさんの税理士事務所は、今は18名の税理士を抱える規模に成長しましたが、立ち上げた当時は本当に余裕がなかったと話していました。

「従業員がいなくても、仕事は欲しいからとりあえず来た依頼は全部引き受けるんです。そうすると、もう本当に回らなくなる。それでも、ここで断ったら次はないと思って、とにかく引き受けた。当時週末なんてないですよ。週末も含めて夜中の1時、2時まで仕事する日がずっと続くんですよ。さすがにキツかったなあ」とEさん。

VC時代にIPO（株式公開）などで財を成したのかと思いきやそうではなく、保有していたストックオプションも結局、通信会社の株価の暴落で価値がなくなってしまい、事務所を立ち上げるのには700万円の借り入れをしました。マイナスからのスタートでしたが、①これまで経験したさまざまな職場で仕事を共にしたかつての同僚から信頼を得ていたために、彼らからの仕事のオファーが舞い込んできた、②寝る間も惜しんで働いたことで、さらにクライアントの信用を得た、③事務所の規模が大きくなりさらに信頼が高まったと同時に、こなせる業務量が増えたことで仕事のオファーがますます増えたこと、などが好循環としてつながり、独立を果たした2002年からたった13年で大きな財を成したのです。

投資では、あらゆるものを実験してみる

資産運用に関しては、意外にも不動産投資がメインだそうで、全体の資産の3分の1を占めるとか。ただ、金融資産への投資も積極的で、インターネットで国内株や外為証拠金取引も行っているほか、投資信託、仕組み預金、仕組債、商品先物、金の現物、ETFなど、その種類の多さには驚かされます。聞けば、「**とりあえずあらゆるものを実験したくなる**」のだそうで、第一にご自身の金融商品に対する興味が非常に強いこと、

第二に、職業柄、会計処理や税務上はどうなるのか知りたくなること、などによって、いろいろと試したくなってしまうのです。自ずと、デリバティブが組み込まれているようなバイナリーオプション、仕組債、仕組み預金など、ある一定の基準値を上回るか下回るかで、将来受け取れる金額が決まるようなリスクの高いものにも、積極的に投資しています。

もちろん、ただ闇雲に投資するのではなく、それぞれを研究し尽くしてのこと。税理士という、お金周りのことを生業にしていらっしゃるとはいえ、お話ししていると「金融機関の方でしたっけ？」と言いたくなるほど金融市場に詳しいのです。「**よく理解できているものにしか投資しない**」という原則に沿っています。これは投資初心者の方々にも参考にしていただきたいところです。

また、デリバティブによって、個人投資家が投資できる商品の幅もかなり広がっています。投資家本人があらゆる投資手段を知っていることは、その分選択肢が増えるわけですから自分の身を守ることにもつながります。ピンチの時、人にアドバイスされなくても、「そういえばこういう手段もあったな」と自分からピンと思いつくことができれば、ひとつの投資に固執してしまいそのまま損失を膨らませてしまう人よりも、頭の切り替えが早くできるのです。過大なリスクは取らなくても、いろいろな投資方法も考慮すべきだと、改めて感じました。

Eさんの場合は、不動産に加え、債券など10年スパンの長期投資と、為替や株などの短期投資と、オプションがらみのリスク性の高いものなど、期間の分散はできていますが、通貨の分散という意味では、外貨建ては他の方々に比べると少なめです。ただ、今後は徐々に外貨も増やしていく可能性が高いとのこと。これは、将来何を不安視しているかという質問に及んだ時の回答でした。

「これから少子化が進むということは、変えようのない事実ですよね。だって、対策するなら90年代にやっておかなければならなかったわけで、今から対策しても遅いし間に合わないと思うんです。中長期的に見たら、僕らの子供たちにとっては、住みにくい国になるのではないかと思っています」

「日本全体は人口が減っていくなかで、しかし都心部に人口が集中していく流れになると思うので、東京は将来も規模が変わらないと思うんです。だから僕は、不動産は山手線の内側しか買わない。不動産は長期投資ですから、そういうところまで考えています。

将来のことを考えたら、子供たちはイザとなったら海外でも生きていけるようにさせたいと思っていますから、少し前から海外のサマーキャンプに参加させたりしているんですよ。……あっ、そうか。だったら今から米ドル買っておいたほうがいいですね（笑）」

相場ではあらゆる実験をしながら保守的な面もあり、長期見通しも持ちつつ短期取引も行っているという、投資の「攻め」と「守り」がきちんと分散されているのは、豊富な人生経験のなせるワザかもしれません。失敗も成功も笑いながらすべて赤裸々に語っていただいたことに心から感激したインタビューでした。

VI お金や人は、後からついてくるもの

東京都在住・50代男性・Fさん

プライベートエクイティーファンドで成功

最後にご登場いただくのは、サラリーマン時代を経て、現在は押しも押されもせぬ富裕層でいらっしゃる、東京都にお住まいのFさん（50代男性）です。資産運用のみならず、どのようにして超富裕層になられたのかなど、人生観も含めてお話を伺いたいと申

し上げたところ、にこやかに、かつ穏やかに、理路整然と次のように話し始めました。

「サラリーマンの生涯年収は数億円と言われていますよね？　逆に言えば、サラリーマンで定年まで勤め上げれば、数億円は稼げるわけだ。私は銀行員だったからね、日本の銀行員だと高い人で年収1500万円、役員クラスで数千万円台。外資系でも今の時代億単位稼ぐ人は少なくて、多くても年収4000万から5000万円でしょ？　生涯で5億円以上あってもしょうがないと考えるならリスクを取らずにサラリーマンで安定した生活がいいのかもしれない。ただ、私の場合はやりたいことがあったから、リスクを取って会社を辞めました。**すると、不思議とお金が後からついてきたんです**」

ただ、現在極めて大きな資産を築き上げたFさんも、脱サラ当時は厳しい時代もあったそうです。

「当時はね、ローンのほうが大きかったんですよ。住宅ローンね。自主退職だから20年も勤め上げた会社でも退職金はたったの300万。投資ファンドを立ち上げるための資金はほぼゼロに近かったですよ。だから、会社を興すのに約4000万円借金した。マイナスからのスタートだったんですよ」

Fさんは、当時お勤めだった銀行で海外の主要都市に勤務した経験があります。海外赴任していたときに、ちょうど海外では不況が続いていました。会社の経営が傾いたときに債権を買い取る、あるいは経営不振会社に投資して立て直しを行う企業再生ファンド、いわゆる「プライベートエクイティーファンド（PEファンド）」と呼ばれるファンドの一種ですが、こうしたファンドが欧米では当時から当たり前でした。しかし、日本ではこうしたファンドはまだほとんどなく、同様の案件を主に外資系の投資銀行が行っていました。

Fさんは海外赴任の際に投資銀行、いわゆるインベストメント・バンクが行う不良債権処理を目の当たりにしてきたことから、90年代後半に帰国した際に、ちょうど日本はバブルが崩壊して不況の真っただ中だったため、「日本でもこういった業務は絶対に必要とされる！」と一念発起。銀行を辞め、40代前半でPEファンドを立ち上げました。外資系の投資銀行は数百億円以上の大きな案件しか扱わず、中小企業の数十億円規模のPEを行う投資ファンドは他になく、瞬く間にファンドは急成長、投資の成功によって

Ｆさんの資産も徐々に増えていったそうです。

やはり、ビジネスに成功している人というのは、時代の流れを読んでいるということ、また、他の人がやらないことをやる、まだ誰も始めていないことを始めるような、業界のパイオニアであるということが共通点と言えそうです。Ｆさんの場合は、日本が山一證券の破綻などで金融不安に陥っているとき、その時代、非常にニーズの高かったＰＥファンドを興したうえ、当時日本にＰＥファンドは珍しく、競争相手もほとんどいない状態だったことも、成功した大きな要因と言えます。

Ｆさん曰く、「**不思議なもので、一回うまく行くと、どんどん成功の歯車が回り始める**」のだそうで、最初は投資ファンドとして投資実績もなかったものの、事業再生に対する時代のニーズはあったため、他に専門家もいないなかで、ビジネスが集まってくる。多くの案件を扱っていくうちに、それが会社の信用を高め、また依頼が集まってくる……といった具合です。

「そうはいっても、まだ誰もやっていないことをやることに対する、不安はなかったのですか？　それとも最初から、クライアントや投資先など、準備していた先があったのですか？」と伺ったところ、「具体的な案件やクライアントが最初からあったわけではなかったが、勝算はあったので、特に怖くはなかった」とおっしゃっていました。海外でのご経験と、それに根差した「このビジネスは必ずニーズがある」という自信、そして、「困っている企業と一緒に汗をかいてその再生に携わる」というやり甲斐、そして成功への夢があったため、借金からのスタートでも、不安はなかったというのです。「先見の明があった」などという一言では片づけられないほど、Ｆさんには幅広い視野と嗅覚のようなものがあったのだと感じました。

資産の半分は外貨

Ｆさんの資産構成についてご紹介すると、金融資産全体の半分が外貨ですが、最近の円安で外貨建て資産の割合が若干多くなっているとのこと。外貨資産のうちの1割程度はユーロにしていますが、それ以外は全部米ドル、あるいは実質米ドル建てになっています。実質米ドル建てのものというのは、円建てであっても米ドル連動になっているような商品、たとえば投資信託などで、投資信託を購入する際は、円建てで投資するものの、中身は米ドルで運用されていて、結果的に米ドル建てで持っているのと意味は同じという商品です。その他の外貨資産の中身は、不動産投資信託のUS REITやグローバルREIT、米ドル建てで米国債に投資するような投資信託などで、あとは外貨MMFといった構成です。

金融資産の半分も外貨になっていると聞けば、海外に住んだご経験から、外貨投資などはアタリマエで、外貨投資歴も長いのではないか、と思って尋ねたところ、「本格的に取り組んだのは2010年から」と、案外最近だったことに、またもや驚きました。

なぜ外貨投資を始めたのか、といえば、「そろそろ米ドルが上がると思ったから」だそうです。さすが投資のプロだけあって、為替の見通しも冴えています。2010年といえば、2008年のリーマンショックを経て、米国が量的緩和政策を実施、米ドル安が進むなかで、年末には80円台前半まで、円高米ドル安が進んだ年です。その後2011年3月には東日本大震災、同年10月には米ドル円の史上最安値75円31銭をつけるわけですが、その後、ドル円相場は反転、上昇していますから、2010年というのは絶妙のタイミングだったと言えます。

ひょっとすると個人投資家の方にとって参考になるかもしれない取引についても教えていただきました。このようにコストの良い米ドルを持っているということは、それを「壁にした取引ができる」というのです。たとえば、こうです。

オプションとは、権利の売買のことですが、コールオプションは「買う権利」、プットオプションは「売る権利」を指します。いま3カ月後に米ドルを1米ドル＝100円で買う権利（ドルコールオプション）を買って、同時に1米ドル＝100円で米ドルを売る権利（ドルプットオプション）を売ったとします。3カ月後に1米ドル＝100円より米ドル高・円安であれば米ドルを買う権利を行使すればよいので、円安米ドル高が進めば進むほど、利益は青天井です。こうしたオプションの買いはコストが高いので、コストを減らすために、同時にドルプットを売っている。つまり、100円で米ドルを売る権利を売ることによってプレミアム（オプション料）を稼いで、ドルコールオプションのコストを相殺しているのです。

ただ、「オプションの売り」は非常に怖い。なぜかというと、「権利の売却」であることから、売却したことによってプレミアム（オプション料）を稼ぐことができる代わりに、「義務」が発生するリスクがあるのです。このケースだと、3カ月先に1米ドル＝100円より米ドル安・円高が進めば進んでいるほど、オプションを売った相手に権利を行使されるわけですから、1米ドル＝100円で米ドルを買わなければならない義務が発生することになり、今度は損失が青天井になってしまいます。

「これはあぶない！　円高にいく！」と思ったら、プットオプションと同じ金額だけ、たとえば1米ドル＝110円のときに持っている米ドルを売却します。こうすることによって、1米ドル＝100円でオプションが行使されても、110円で売った米ドルをまた100円で買い戻したと思えば、持っている米ドルのコストが改善したわけですから、気持ちもラクです。もし行使日までに米ドルが上昇しても、もともと「壁にできる」くらい大量の米ドルを保有しているのですから、その資産価値が上昇しているので問題ない、というわけです。

さて、話を元に戻しますが、Fさんは、金融資産以外に実物資産もお持ちです。ハワイに複数の不動産をお持ちで、これらを購入した理由は、まず、米ドルの先高観があったので、米ドル建ての実物資産を持っておきたいと思ったこと、第二に、ハワイの物件もこれから値上がりすると考えたこと、第三に米ドルベースで家賃収入が入ってくること、などです。

外貨投資をするにあたって、海外からのどのような情報を参考にしているか尋ねたところ、面白い答えが返ってきました。基本的に日本のニュースは見ないのだそうです。テレビは主にBBCやCNN、新聞は「フィナンシャルタイムズ」紙で、グローバルな情報をメインにとっているとのことでした。また、海外に知人なども多く、個人的なネットワークから情報を得ているとのこと。

米ドルが急落した際に割安な水準で米ドル、あるいはそれに連動する商品を一気に購入できたことで、日々の為替レートを気にするようなことはあまりありません。ただ、大幅にドル安円高が進むような局面があれば、間違いなくさらに米ドルを買い増すとおっしゃっていました。

外貨投資は資産防衛の意味も

中長期的に心配していることは、日銀や欧州中銀（ＥＣＢ）の量的緩和に見られるような「世界の過剰流動性」です。米連邦準備制度理事会（FRB）はようやく出口に向かうが、日銀はいったいいつまで資産を買い続けるつもりなのか、続けられなくなったときにはどうするつもりなのかを、心配しているそうです。

それと同時に、日本政府がどう考えても財政再建に対して真剣ではないという点。日銀が国債を買うので、日本がデフォルトすることはないにしても、将来とんでもないインフレと通貨安が来るのではないかと心配しているとのこと。金融資産の半分を米ドルにしているのも、そうなったときに円資産が減ってしまうことに対する「資産防衛」の意味もあるとハッキリおっしゃっていました。

「持っている米ドルが上がったからといって喜んでいる場合ではないんですよ。だってそうでしょう？　私は日本人で今日本に住んでいる。半分外貨にしたところで、半分は円の資産だ。円が急落すれば、この資産は目減りすることになるわけです。円安は、日本の購買力が落ちている、つまり国力が減ることを意味するわけで、急速に進んだ場合、長期的な観点でよいこととは言えません」とFさん。

また、Fさんは積極的に寄付もしていらっしゃいます。人権団体や学校への寄付、また日本のワイナリーに個人的に出資したり、絵画のコレクションも、ゆくゆくは寄付したいとおっしゃっていました。こうした「社会への貢献」というテーマは、そのままFさんの投資スタンスに反映されています。

よくPEファンドというと、経営難に陥って困っている会社を安く買い叩いてすぐに売り逃げるような、「ハゲタカ」などと言われるものを想像しがちですが、Fさんの投資スタンスはまるで違います。あくまで、「困っている企業の現場と共に汗をかいて事業を再生させる」という軸がハッキリしているのです。銀行を辞めてファンドを立ち上げるような大勝負はなかなかできるものではありませんが、こうしたブレない軸と、社会に貢献したいという想い、事業再生という仕事に対するやり甲斐によってFさんは成功し、自然にFさんの周りに人とお金が集まってきているように見えました。

人生のリスクを取って成功したFさんのような方が、雇用を生み、消費し、また個人的な寄付などによって社会貢献していることが、日本経済にとって重要な潤滑油となっていることは間違いありません。そのことを改めて確信したインタビューでした。

これまで6名の富裕層のさまざまなストーリーをご紹介してきました。それぞれまったく違う人生に見えても、「必要な時にリスクを取る」「意味があると思うことには惜しまずお金を使う」「時代の流れを注意深く観察し、うまく流れに乗っている」「他人と同じことをやらない」「リスク管理を怠らない」、などといった、共通点もありました。

また、この方々の外貨投資がなぜ順調かと言えば、グローバルな視点でものを見ることができるのが、大きな要因だと思います。

為替に関しては、日本国内で円だけ使っていて、海外旅行などに行くときだけ為替レートをチェックする。あるいは、輸入製品が円安で少し高くなったかな……という程度にしか為替レートを気にしていないのが一般的です。

しかし、筆者がインタビューさせていただいた皆さんは、世界中のあらゆることが為替レートに反映され、日本経済にもインパクトを及ぼしているということをよくご存じで、世界のフィルターを通して日本を見つめ、日本円の価値を考えていました。外貨投資を行っているだけに、為替レート、特に米ドル円レートが今いくらくらいかという「レベル感」は常に持っています。自分で積極的に海外の情報収集を行っていることも共通の特徴でした。

そして、もうひとつ大事なポイントがあります。外貨投資を積極的に行っている富裕層の方ほど、とにかく日本が大好きで、そして真剣に日本の将来を心配しているのです。これは、今回の取材で改めて気づかされたことで、海外に不動産を持っているからといって日本から逃げ出そうなどとは少しも考えていないこと、また、それぞれがいかに日本に貢献できるかを真剣に考えていることが分かりました。会話の中に多くの宝を見つけることのできた、貴重な時間となりました。

第5章　私たちが参考にできること

I 「特別なこと」ではない

失敗していないということは……

「最近、何か大きな失敗ってしたことありますか？」

米国で活躍する著名なベンチャーキャピタリストの講演を聞いていたときのこと。講師からこのような質問が会場に投げかけられました。もちろん失敗などしないほうがよさそうですし、実際に最近失敗している方も少なかったようで、周りを見渡したところ、首を横に振った参加者が多かったと思います。筆者もその一人。しかしその講師は一言、

「ダメですね、皆さん。それは、自分ができる範囲のことしかしていないということですよ。つまり、一切新しいことをやっていない、チャレンジしていないということなんです」

確かにそうかもしれません。今回インタビューさせていただいた富裕層の方々も、成功の裏には、ご本人が必ずしも意識していなかったとしても、失敗を恐れずリスクを取る姿勢がありました。取れるリスクの大きさは人によって違いがあるかもしれませんが、リスクを取ること自体は誰にでもできることだと思います。

たとえば、筆者のようなサラリーマンであっても、調査レポートに新しい材料を取り入れてみる、目新しいコンテンツで講演をやってみる、新しいプロジェクトに参加するなど、何か新しいことを取り入れたりチャレンジしたりすることは可能です。失敗するリスクもありますが、新しい情報やサービスをお客様に提供して喜んでいただいた時などは、本当に嬉しく感じるものですし、分野を広げればその分、自分自身に知識も経験も積み上がっていくものです。

投資に対する理解不足で二の足

資産運用も同じで、決して富裕層だけのものでもなければ、特別なことでもありません。誰でも、いつでもスタートすることができるのです。大事なのは、自分の取れるリスクの範囲内でできるだけ良いパフォーマンスをあげることです。それには、「人がやっているからやる」「今この商品が流行っているから買う」「営業マンに勧められたから投資する」ではなく、自分自身で投資について理解しておく必要があります。自分に合った運用方法、そして自分が投資しようとする投資対象を十分理解したうえで、納得のいく運用をすることが大切なのです。

ひとつ良い例があります。2014年、NISA（少額投資非課税制度）が始まったばかりの3月に、金融庁が行ったアンケート調査が発表されました。「ファイナンシャルプランナー（FP）、証券営業員等の皆様に対するNISA利用者の意識等に関するアンケート調査の概要」といって、FPの方や証券会社の営業の方々にNISAに関するさまざまなアンケートを取っているのです。このアンケート調査では、なぜ若年層を中心とした「投資未経験者・初心者」の間で、NISAの口座開設が伸びないのかについて聞いています。

その回答として、「若年層は資産運用をする資金的余裕がない」というのが65・1％でもっとも多かったのですが、次に多いのが興味深いことに「投資に対する理解不足」34・2％、「投資に対するネガティブなイメージ」33・6％があって、もっとも多いのではないかと思っていた「ＮＩＳＡに対する認知度不足」は31・8％と4位でした。

これを見ると、「資金的によほど余裕がないと資産運用などできないのではないか」「投資のことはよく分からない」「投資をしたら必ず損するのではないか」……など、総じて投資に対する理解不足こそが、未経験者が投資に二の足を踏んでいる原因になっていることが分かります。

このアンケート調査ではＮＩＳＡ利用拡大のための方策として何が必要と思うかとも聞いていますが、これに対する回答は「投資教育（投資の方法等）」が最多で46・5％。次が「投資教育（投資の社会的意義等）」が39・6％と2番目に多い回答となっています。「貯蓄から投資」と言われても、初心者の方にとっては、その意味やメリット、また、具体的に何にどのように投資したらいいのかなどが、よく分からないというのが実情で、投資に対する理解の深化が求められていることが、この調査では示されているのです。

投機にも意義がある

ところで、このアンケートの回答にあった「投資の社会的意義」とは何でしょうか。まず、「投資」と「投機」の違いから考えてみましょう。

「投資」とは、投資対象について将来の「成長」を期待して資金を投じることを指します。たとえば、ある企業の株式に投資することは、その企業に資金を提供し、企業の経済活動を支えることであり、その企業の成長をサポートすることにつながります。「投資」の場合、投資家は必ず「買い」から入りますし、どちらかと言うと長期的な視野で資金を投じるため、短期的には売却しないことが特徴です。

一方、「投機」になると、目先上昇すると思えば買い、たった今下落すると思えば空売りすることもあるなど、その瞬間だけであっても、儲けの機会があればそれを捉えて売買することを指します。この場合、投資と違って「売り」から入ることもありますし、どちらかと言えば短期取引であることも特徴です。

では、こういう行為に意義はないかというと、そんなことはありません。よく「投機筋」はギャンブル性が高い、と悪者扱いされることがありますが、こうした売買も、市場に流動性を供給するという重要な役割があるのです。投資家が買いたいと思ったときに買えるのは、売り手がいてくれるからですし、売りが殺到した場合にも、売り買いを繰り返す投機家の存在がなければ、買い手不在でさらに暴落する可能性も高まります。米国ではこうした投機的な取引に対する規制が強化される流れにありますが、これによって市場の変動率（ボラティリティー）が高まることが懸念されています。

売り判断に欠かせない投資対象の理解

話を元に戻すと、投資には、「上がったから儲かった」「下がったから損した」という自分の利益だけでなく、企業の成長をサポートするという社会的意義があるのです。個別株の投資に限らず、投資信託であればその投資先も多種多様で、新興国株や新興国債券に投資する、あるいはベンチャー企業に投資するものもあります。第3章でご紹介した環境、社会、企業統治に優れた企業のみに投資する「ＥＳＧ投資」を行うファンドもあります。投資信託は少額からでも投資できますから、特にまとまった資金がなくても、投資信託を保有すれば、新興企業に資金を提供したり、海外の企業や新興国をサポートすることもできるわけで、つまりは世界の経済成長に一役買うことができるのです。

「投資」自体の持つ意味を理解し、「これならば納得」と思える対象に投資することで、日々相場の振幅に一喜一憂しなくて済みますし、気持ちに余裕も生まれます。「投資に対する納得感」があれば、少し下落しただけで不安になって慌てて売ってしまうようなことはなくなるでしょう。感情に流されず、落ち着いてもう一度市場環境を見直すことができるようになるためにも、投資対象をよく理解した上で購入することが非常に重要なポイントなのです。

かの著名投資家、ウォーレン・バフェットが尊敬する投資家のフィリップ・フィッシャーは、投資したものを売る時については、次の3つのケースに限られるとしています。

①正しく選び抜いたつもりが、判断に誤りがあった
②時代の変化と共に、当初の条件を企業が満たせなくなった
③投資先を乗り換える

同時に売却の判断で決してしないことは次の2つとも述べています。

①悲観的になって売り急ぐこと

②他人のアドバイスに乗って売ること(注1)

それだけ、「売りの判断」というのは重要で、投資対象を自分自身でよく理解していることが、いかに適切な売りの判断にとって欠かせないか、これらの言葉を見てもよく分かります。

II　参考になること、実践できること

外貨投資でグローバルな視点が強くなる

「富裕層」と言うと、何か儲けの秘策があるのではないか、特別なことをしているのではないか、というイメージがあるかもしれません。前章のインタビューをお読みいただいても分かるように、資産運用に関しては投資金額こそ大きいものの、特別なことをしているわけではないのです。

富裕層になった理由も、「ある日特別な投資をしたら、それが大儲けにつながり富を得た」という裏話があるわけでもありません。成功する過程で、人より多く人生のリス

クは取っているかもしれませんが、あくまで本業を一生懸命やっていたら、結果的に富が集まったということであって、多くの富裕層については投資が成功の要因ではないことが分かります。

ただ、富裕層はお金の大切さも、資産運用の必要性も理解していることから、**「お金に働いてもらう」という「投資に対する意識」が人より高いのは事実**です。

「お金に働いてもらう」ために、金利面で優位な「外貨投資」が必要なのは、これまで説明してきたとおりです。ただ、富裕層がごく自然に外貨投資を行っているのは、どうやら金利面の優位性だけが理由ではなさそうです。

インタビューを通じて分かったのは、お話しした方全員が、外貨投資を楽しむ気持ちがあるということです。国内株、国内債券だけでなく、海外に視野を向ければ投資対象や商品の選択肢も当然広がります。その幅広い選択肢から、世界情勢を予想しながらベストと考える投資戦略を考えるのを、むしろ楽しんでいるのです。

また、グローバルマネーの時代にあって、日本の金融市場にも外国人投資家が大きな影響を与えますし、日本経済も海外の経済や金融市場の動向抜きに語ることはできません。外貨投資をすることによって、世界のマネーはどこに向かっているのか、海外で何が起こっているのかに敏感になり、よりグローバルな視点で経済を見ることができるのを、富裕層は重視しているのだと思います。

本章では、そんな富裕層の方々へのインタビューを踏まえ、既に資産運用をしている方、これから外貨投資を始めようとする方も含め、すべての個人投資家に参考になると思う点を、筆者なりの解説を加えながらご紹介します。

〈ポイント1〉市場日記をつける

第4章の冒頭にご紹介したAさんは、「エンマ帳」といって毎日投資日記をつけていらっしゃいました。Aさんのように「投資が趣味」の方でなくとも、市場日記をつけることはお勧めしたいことです。これは市場のトレンドを理解するだけでなく、相場観を磨くことができる、相場の歪みに気づくことができる、という点でも役に立つのです。「日記」といっても特に文章を書く必要はなく、NY市場の終値を翌朝インターネットで確認し、主要な物のみ、たとえば米国株（NYダウとS&P500）、米国10年債利回り、日経平均株価、原油価格（WTI）、米ドル円、ユーロ米ドル、ユーロ円を並べて表に書いていくのです。これを続けていくと、日々、平均的にそれぞれどの程度値動きがあるのかが肌感覚で掴めてきます。同時に、平均的な変動幅から突出して動きが大きかった場合には、「何かあったのだな」ということがすぐに分かります。

Aさんがおっしゃっていたとおり、相場の値動きにはすべて理由がありますし、動かないなら動かないなりの理由があります。単に海外のバケーションシーズンで市場参加者が減っているだけかもしれませんし、逆に売りも買いも両方が厚くてかえって動きづらいこともあります。終値を見て、前日からの変化を確認することで、その動きは気にするべきものか、気にしなくてよいものかといった嗅覚が、養われていくのです。

グローバルマネーの動きを知る

もうひとつ大事なことは、このグローバルマネーの時代にあって、市場はすべてが関連し、リンクしているということです。

たとえば、2013年5月22日、米連邦準備制度理事会（FRB）のバーナンキ議長が議会証言で、「経済状況の改善の継続を確認し、持続可能と確信できれば、今後数回の会合で資産買い入れを縮小することは可能だ」と述べました。要は市場への資金供給量が増え続けていたのを、徐々に減らし始める可能性を示唆したのです。これが、市場参加者から「金融引き締めが近い」と解釈されたことから、翌23日の日経平均株価は、1日で1256円も急落。リスク回避で米ドル円も1米ドル＝103円台から93円台まで急速に米ドル安・円高が進み、「バーナンキショック」と呼ばれるに至りました。一方、米国株を見ると議会証言の翌23日、NYダウはたった6米ドル安に留まっています。

なぜアメリカの金融政策の話でここまで日本株が崩れたかと言えば、米国の投資家が日本株を売却し、益出ししたのが要因だと思います。投資家はリスクオフになると、まずは海外に置いてある資金を手元に戻そうとする傾向があるのです。特に2013年は、年初からの株価上昇率は日本株が約55％だったのに対して、NYダウは17％に留まっていましたから、「とりあえず1回日本株を利食っておこう」という動きになったことは想像に難くありません。この時は新興国株式も大幅下落し、バーナンキショックから1カ月ほどでMSCI新興国株価指数も16％下落しました。

1998年、LTCMショックの時の為替の動きも、似たような現象でした。

米大手ヘッジファンドＬＴＣＭ「Long-Term Capital Management（ロングターム・キャピタル・マネジメント）」は、当時の最新の金融工学を駆使したヘッジファンドで、ノーベル経済学賞を受賞したほどのメンバーが加わっていました。にもかかわらず、１９９８年に破綻、清算に追い込まれたのです。破綻が確定したのが9月21日、その後10月6日に１３２円台だった米ドル円相場が、２日後の10月8日には１１１円台まで一気に20円も大暴落しました。この急激な米ドル安・円高はＦＲＢによる利下げなども影響していましたが、主にこのＬＴＣＭが、それまで構築していた円キャリー取引（円を借りてきてこれを売り、米ドルを買う金利差狙いの取引）のポジションを一斉に清算したことで、巨額の円買いが発生したことが背景と言われています。

これらの例を見ても、グローバルマネーが現在どこに集まっているのか、またそれが反対の動きをしたときにはどうなるかを日頃からイメージしておくことは大切ですし、異変を察知するためにも、主要なアセットクラスだけでも、日々の値動きをチェックしておくとよいでしょう。

相場の歪みを察知できる

相場の歪みはどういう時に発見できるのでしょうか？　たとえば通常であれば、米株が下落して米金利が低下すれば米ドル安・円高となりますが、そういう時に、米ドル円相場だけが上昇していたとしましょう。米金利と米ドル相場の相関は断たれているものの、米株と米金利の相関性は整合性が取れますから、米ドル円の動きが怪しいということになるわけです。

この場合は、「単純に大口の米ドル買い・円売り取引が市場に持ち込まれた」、という可能性もありますし、「何かリスク回避的な動きで米ドルが買われている」、あるいは「当局者からの何らかの発言があって米ドルが買われている」可能性もあると思います。いろいろ調べても特に異変がなく、単に市場に大口の米ドル買い注文が持ち込まれただけであれば、これは一時的な相場の歪みであって、すぐにまた元に戻るだろう、という判断材料にもなります。こうした一般的に見られるような相場のセオリーとは異なる動き、つまり「相場の歪み」を察知することができるというのも、この市場日記のメリットと言えるでしょう。

市場を専門的に見ているアナリストなどは、ブルームバーグやロイターの端末を使ってデータをエクセルにダウンロードし、グラフを描いたりそれぞれを重ねたりして、簡単に相関性などを分析しますが、それでもやはり、筆者自身ディーラーとしてリスクを取って為替の売買をしていた頃は、これらのようなNY市場の終値のデータを手書きで記録していました。Aさんも述べておられた通り、相場変動には理由がありデータは裏切らないので、相場観や「何かがおかしい」という嗅覚を養うためにも、市場日記をつけることは、お勧めしたいことのひとつです。

3～4の通貨ペアをチェックする

ちなみに為替相場については、必ず米ドル円、ユーロ米ドル、ユーロ円、できれば豪ドル米ドルくらいまでの3～4通貨ペアは市場日記につけてチェックしておくとよいと思います。これも、どこにマネーが向かっているかを知ることができる方法のひとつだからです。

たとえば前日の終値と比べて、①米ドル円が上昇し、ユーロ米ドルが下落して、ユーロ円が横ばいだった場合、これはマネーが米ドルに向かい、米ドル高が進んでいることを示しています。

図表5-1　3〜4の通貨ペアをチェック

為替相場を主導する通貨		通貨別の動き			通貨ペアの動き		
		米ドル	円	ユーロ	米ドル円	ユーロドル	ユーロ円
①	米ドル高	↑	↓	↓	↑	↓	→
②	円安	↑	↓	↑	↑	→	↑
③	ユーロ高	↓	↓	↑	→	↑	↑

（出所）SFH

次に、②米ドル円が上昇し、ユーロ米ドルが横ばいで、ユーロ円が上昇していたとしましょう。この場合は、全体として円安が進んでいるということが分かります。

さらに③米ドル円は横ばい、ユーロ米ドルが上昇、ユーロ円が上昇していれば、それはユーロにマネーが向かっていて、ユーロ高が進んでいることが分かるのです（図表5−1）。通貨ペアでは、このように対円だけで見ることなく、対米ドルを挟むことによって、為替市場全体の値動きを把握し、どこに世界のマネーが向かっているのかを見ることが必要です。

〈ポイント2〉幅広い情報収集を心がける

筆者が好きな経済書のひとつに、2012年に出版された、『2050年の世界　英『エコノミスト』誌は予測する』があります。これは、英『エコノミスト』誌編集部が、

2050年に世界はどうなっているかを予測し執筆した400ページを超える書籍です。

もっとも好きな箇所は最終章の第20章で、当時『エコノミスト』誌のワシントン支局長だった、マット・リドリー氏が「予言はなぜ当たらないのか」というテーマで執筆しています。1970年代からさまざまな識者によって行われてきた未来の「予言」は悲観的なものがほとんどでした。「石油や天然ガスは枯渇する」「毎年多数の哺乳類が絶滅する」「世界で食糧不足が進む」などといった典型的な「終末予言」の数々が、なぜこれまでことごとく外れてきたかを分析しています。リドリー氏は、こうした悲観的予想が外れる理由は2つあるとしています。（以下抜粋）

「……その単純な理由がふたつある。第一に、**悪い話はよい話よりずっとニュースにしやすい**からだ。よいニュースは凪、悪いニュースは時化のようなもので、人類の生活水準の全般的な向上が進んでいてもほとんど目立たないのに対し、戦争、景気の後退、地震、小惑星の地球への衝突などは、青天の霹靂のごとく世を騒がせやすい。だからいつも新たな恐怖が話題にのぼり、穏当あるいは楽天的な声は、もっと極端で後ろ向きな予言にかき消される。世界で二～五％の経済成長率が年々続いているのに、そのことはほとんど報道されない」
「第二の理由は、もっと根本的なものだ。恐怖の筋書きはどれも、人が何も対策を講じないことを前提にしている。つまり、人間とは線路に突っ立ったまま逃げようともせず、列車が迫り来るのをただ眺めているものという想定だ（注2）」

リドリー氏はこう述べたうえで、資源が枯渇する、食料が枯渇するといった典型的な終末予言は、技術革新による「低価格化」を無視しているとの見解を示しています。

グローバル化による国際分業も進み、人々はかつてよりもはるかに安い値段で必要なものを手に入れることができるようになりました。つまり、もし食料が不足すれば食料価格が上がり、農家は栽培量を増やし収穫高を増やすためにさらなる実験に取り組むし、石油が不足すれば、価格が上がり、新しい採掘技術が開発される……まさに、米国で起こったシェール革命がこれです。技術革新によってどんどん新たな「資源」や「エネルギー」が生み出され、低価格化も進み世界に供給されていくのです。

加えて、先進国ではさまざまな対策によって森林面積が増えるなど徐々に環境も改善しています。したがって、リドリー氏は今の新興国経済が先進国並みになる２０５０年には、これまでに損なわれた環境は回復し、世界はより良い環境になると予想しているのです。

ところで、リドリー氏自身が「エコノミスト」誌の編集者だっただけに、「悪い話は良い話よりずっとニュースにしやすい」という言葉には重みがあります。確かに、新聞や雑誌の紙面を飾るのは悪いニュースが目立ちますし、ロイターやブルームバーグなどの情報端末に「日本では今日も暴動やテロはなかった」とのヘッドラインが流れることはありません。もちろん、リスクに対して備える姿勢は大切です。しかし、世の中に溢れる情報や報道は、人々の目を引く必要性から、どちらかと言えば負のバイアスがかかっていることも、頭の片隅に入れておく必要があると思います。

必要以上に悲観的になる必要もなければ、極端な楽観にも気をつけるべきで、投資の際にもそういった「偏った見通し」に振り回されることなく、バランスのとれた冷静な判断をするためには、情報収集が極めて大事です。インタビューさせていただいた富裕層のほとんどが、幅広い情報収集を重視していることは、第4章をお読みいただいて気づかれたと思います。外貨投資をしていらっしゃる方であれば特に、海外のニュースなどにも目を向けていただくことをお勧めします。前章に登場したFさんは、CNNや「フィナンシャルタイムズ」紙など、ほとんど海外のニュースしか見ないとおっしゃっていましたが、日本でも、テレビ東京やNHKなどで、海外の金融市場動向を積極的に報道する番組もあります。

お気に入りの情報ツールをつくる

「今や便利になったものだ……」と、つくづく感じます。筆者が新人ディーラーの時は、「ポケットロイター」という小型の情報端末があって、ディーラーなど市場関係者は、市場レートやグラフ、ニュースなどをライブでチェックしていたものでした。先輩ディーラーの時代ともなると、携帯電話のない時代ですから、為替ディーラー同士の飲み会の時に急に相場が動き出したりすると、銀行のナイトデスクに売買注文を出そうと、お店に1つしかない電話機に列ができたことも……。

以前はライブの市場情報を取得するのも、その情報を受けて担当者と取引をするのもひと苦労でしたが、今はスマートフォンのアプリケーションで、ライブで為替レートを見られるものはいくらでもありますし、チャートもスマートフォン上で、一目均衡表までで見られるようになりました。インターネット上のロイターやブルームバーグのホームページで「海外」や「ワールド」をクリックすれば、海外のヘッドラインも、情報端末より若干流れるタイミングが遅れるものの、いつでも読むことができます。取引をする際にも、携帯でもPCからでも発注できるのが今や当たり前ですが、これらは不便な頃を知っているディーラーにとっては隔世の感があります。

ちなみに筆者は現在、毎朝通勤の際スマートフォンでCNBCやブルームバーグTVのアプリケーション（アプリ）で、海外のスタジオで報道されるニュースのビデオを見ています。通訳は入っていませんが、それぞれ3分から5分くらいで重要なニュースだけをサマリーしてあるので、効率的に世界の動向を把握することができます。また、アプリをダウンロードしておくと、「プッシュ通知」といって、何か重要なニュースがあった時に、ヘッドラインなどが画面に自動で流れて、お知らせしてくれる機能があるので、マーケットに何か異変があった時には気づくことができます。特に海外の通信会社のニュースを見ると、海外でいま何に注目が集まっているのか、海外投資家はどういう目線で投資しているのかを確認できるので重宝しています。何かこうした「お気に入りの情報ツール」を作って、国内のみならず、海外から直接発信される報道も定期的に目にすることをお勧めします。

現地でニュースとの温度差を知る

また、第4章にご登場いただいたAさんやDさんなどのように、海外に直接行って、自分で状況を確認してくる方もいらっしゃいます。これもかなり有効な判断材料になります。

2015年、ギリシャ問題をめぐり、こんなことがありました。

7月5日、ユーロ圏側が提示してきた緊縮策をはじめとする「財政再建策」に賛成か反対かの国民投票がギリシャで行われましたが、まさにそのタイミングで、筆者の元同僚がギリシャに行っていたのです。報道ではギリシャがユーロ圏離脱の瀬戸際で、デモもかなりヒートアップしていると、やや暴動に近い映像が流れていました。そのうえ、そもそも銀行がほぼ預金封鎖状態になっていましたし、そんなところに行って大丈夫なのかと心配でした。

ところが、首都アテネでは旅行者は普通に銀行で現金を引き出すことができ、クレジットカードも普通に使えたうえ、人々も普段通りの生活をしていて、まったく居心地の悪い思いはしなかったのだそうです。彼女の場合、ギリシャ人の友人がいるそうで、現地在住のギリシャ人のサポートあってのことかもしれませんが、毎日のデモも、「賛成派」「反対派」の両方を見に行ったところ、まったく危ないということはなく、整然と行われていたとのこと。また、ギリシャ人は非常に楽天的で、デモも「また仕事を休める！」とむしろ楽しんでいるようだったと言っていました。まさにDさんのおっしゃっていた通り、「百聞は一見にしかず」です。

当時、ギリシャでは国民投票で「反対」の結果が出ましたが、同国のチプラス首相は国民が「反対」したにもかかわらず、その1週間後には財政支援を得るために、ユーロ圏側が作った「財政再建策」を受け入れてしまいました。さらに厳しい緊縮財政を強いられるこのプランを受け入れたことに対して、国民が激怒して政権の維持が不可能になる、あるいは、デモがさらに過激化するのではないかと、国の政治的な混乱が心配されました。筆者自身もこの時はさすがにギリシャがいよいよユーロ圏を離脱するか、チプラス政権が交代するか、何か混乱が待ち受けているのではないかと思いました。

しかし、その時たまたま目にしたCNNの現地レポートでは、「国民投票の結果が『反対』だったにもかかわらず、政府は財政再建策を受け入れてしまったが、チプラス首相に裏切られたと思うか？」とのインタビューに対して、マイクを向けられた国民は、「いやあ、でも、とりあえず1回は国民投票をやって、チプラス首相は一生懸命ユーロ圏と交渉したんだ。それでもユーロ圏には我々の主張が受け入れられなかった。トライしてみても駄目だったんだから、方針を変えても仕方ないんじゃないですか？」と、あっさり答えたのです。

こうした、ある意味「呑気」とも言えるギリシャ国民の回答と、現地に行っていた元同僚の証言は非常に整合性が取れていて、日本で見聞きする緊迫した情報と、現地の状況とはおそらく異なるのだということがよく分かりました。

また、こんな例もあります。２０１８年10月に、筆者は日米間の経済シンポジウムに出席するため、ワシントンD.C.を訪問しました。米国サイドの金融機関や経済学者の出席者とお話ししていて気づいたのは、彼らのトランプ大統領の政策に対する見方の変化です。金融・経済に詳しい人々といえば、トランプ大統領の破天荒ともいえる振る舞いやアメリカ第一主義、極端な保護主義に対して基本的には批判的な方が多いです。特に2016年11月の大統領選でトランプ候補が勝利したときなどは、こうした層の間では「アメリカは大変なことになる」という危機感が高まりました。しかし、今回の出張では、「トランプ嫌い」は引き続き強かったものの、政策に対しては批判的な声が少なかったのが印象的でした。2018年の「トランプ減税」や、同年10月までの株高によって経済が潤っていたことが影響していたようでした。同年11月に米国で行われた中間選挙の直前のタイミングでの出張でしたが、現地の声を聞くことによって、表向きはトランプ政権に批判的でも、投票行動は必ずしもそうならない可能性が高いことが分かりました。これにより、直後の中間選挙では、上院の過半数を民主党にとられることはあっても、上下両院とも共和党が過半数を失うことはないだろうと確信したのです。現場を見る、現地の声を聞くことが、いかに大切かを改めて痛感した瞬間でした。

ただ、わざわざ情報を取るために海外に出向かなくても、出張やバケーションで海外に行った際、景気はどうか、物はよく売れているか、といった視点でお店を回るのも一案です。知人のエコノミストで、海外出張の際にスーパーには必ず行ってみるという方がいます。観光客向けの土産店や免税店よりは、そういう現地の人々が日々の生活品を購入するスーパーのほうが、景気動向は探りやすいのです。

以上のことから、情報収集する際には、**①ニュースや報道にはどちらかと言えばネガティブなバイアスがかかっていることを理解しておくことが重要であると同時に、②国内のみならず海外の情報まで幅広く拾うようにする、③できる時には現地に足を運んでみる**、などは、特に外貨投資を行う場合は極力実践したいところです。

〈ポイント3〉相場のタイミングをつかむ

相場だけでなく、人生においてもタイミングが重要だとおっしゃっていたのは、大阪府在住のBさん。「ここぞ」というタイミングを見極める嗅覚は、他の富裕層の方々も共通して持っているようでした。彼らは、様子を見る時と、チャレンジする時のメリハリを、日頃から大事にしているのです。たとえばDさんは「一歩下がるな。十歩下がれ」と、じっくり様子を見て、ここぞというタイミングでは思いきりチャレンジするというメリハリの重要性を、常に経営する会社の社員に伝えているとのこと。実は、投資も同じ考え方が必要だと筆者は思っています。

「休むも相場」という相場の格言があります。

「常に相場を張っている、つまり常にリスクを取り続けていると、目先のことばかり目がいって、大きな流れが見えなくなる時がある。そういう時はいったんポジションをスクエア（ゼロ）にして、相場を離れるべき。休むのは、リスクを取っている時と同じくらい、重要なことである」という意味です。

実は、銀行や証券会社の為替ディーラーは、こういう感覚を既に身に付けています。それは、いやおうなしに「休む」状況に追い込まれることがあるからです。金融機関のディーラーは、青天井にリスクが取れるわけではなく、ロス・リミットがあります。このロス・リミットを超えて損失を出した場合には、しばらく「ペナルティーボックス入り」となります。つまり、1週間でも2週間でも、しばらくディーリングをせずにアタマを冷やす時間を強制的につくらされるのです。

どんなに儲かるディーラーでも、損することは必ずあります。「負けたことはない」などということはあり得ないのです。たとえ相場観が当たっていたとしても、一時的な相場のあやでストップロスオーダーがついてしまうこともありますし、突発的なニュースで反対方向に動くことだってあるからです。こういう時に損失を取り戻そうとして取引を繰り返していると、どんどん損失が大きくなってしまう。そうすると焦って、さらに無理をして取引をし、傷を大きくしてしまうという、負のスパイラルに陥りやすくなるのです。

熟練したディーラーであれば、負のスパイラルになる前に、自分で気づいてしばらくポジションを取らないようにします。熱くなりやすい人だと、損失を埋めようとするあまりにかえって損失が大きくなるケースもあります。そこで、組織では一人ひとりに損失の上限、つまりリミットを課して、強制的に取引をさせない期間を作っているのです。

個人投資家が、金融機関で働くディーラーと決定的に異なるのはこの点です。つまり、決算もないので月末や期末に損失を確定する必要もなければ、損失を出した時のロス・リミットもありません。これはある意味危険な面もあります。前述したような負のスパイラルに陥っても、リミットがない分、リスクを取り続けてしまい、かえって損失を大きくする可能性を秘めています。

特に、短期で売買している方や外為証拠金取引をしている方などは、自分の世界に入り込んで売買を繰り返しているうちに「負のスパイラル」に陥りやすいです。そんなときには「休むも相場」という言葉を思い出して、いったん様子を見ることをお勧めします。自分自身で「ロス・リミット」を決めておいて、それに達したらしばらく相場から離れてみるというのも一案です。

よく「虫の目、魚の目、鳥の目」が大事だといいます。取引をし続けると「虫の目」に偏りがちになるのが実情です。細かい日々の値動きを追ったり、日々のニュースに目を向けるのももちろん非常に重要なのですが、あまりにそれに偏ってしまうと大きな流れをつかみにくくなります。高いところから市場を俯瞰するような「鳥の目」も持てば、いったん相場から離れていても、大きなチャンスが来た時に、これに思い切って懸ける余裕が生まれるのです。また鳥の目と虫の目の間には、「魚の目」、つまり、「潮目の変化」を見極める目をもつことも大切です。

〈ポイント4〉危機は投資のチャンスと捉える

先述した1998年のLTCMショックの頃、筆者はファースト・シカゴ銀行のロンドン支店の為替ディーリングルームにいました。何しろ2日で20円もの米ドル安・円高というジェットコースターのような相場に直面した筆者は、金融市場の恐ろしさを突き付けられたようなショックを感じていました。

その年のクリスマス、筆者の手元に一通のクリスマスカードが届きました。外国人ディーラーに交じって孤軍奮闘していた筆者に、当時の東京支店長からの優しいお心遣い。嬉しくて、「何が書いてあるんだろう」と早速開けると、カードには、

「金融市場は常識の範囲で動きます。良いクリスマスを」


とだけ書いてあったのです。為替相場がとんでもなく「非常識」な値動きをした年だっただけに、この言葉を読んでも、正直言ってまだ経験の浅かった当時の筆者にはピンと来ませんでした。しかし、その後あらゆる相場の波を経験した今は、この言葉の意味が分かるような気がします。ひとつは「**危機の発生には必ず理由がある**」ということと、もうひとつは、「**危機への対応は必ず行われる**」ということなのです。

サブプライムショック、またその結果起こったリーマンショックは、「百年に一度」

と言われるほどの、世界を揺るがす金融危機でした。しかし、それだけのことがあっても、今や米株価はリーマンショック前の高値、２００７年10月につけた１万４１６４米ドルを大きく上回っています。米ドル円相場も２０１５年５月には、いったんサブプライム前の高値、２００７年につけた１２４円14銭を回復しました。米金融危機後には外貨はすべて下落、株も下落、外貨建て債券も円換算すると価値が著しく下落し、何を保有していてもすべて下落するという、めったにない状況に陥りました。

しかし、金融市場にそれだけ大きな危機があった場合には、ほとんどの場合、国や中央銀行によって即座に何らかの対策が講じられます。放置すれば経済に大きなダメージをもたらしますから、その傷口を最小限に留め、元に戻そうという力が働くのです。

また、単に元に戻すだけでなく、危機の後には必ずその原因が突き止められ、今後は起こらないように対応がなされます。いま米国で金融規制が厳しくなっているのも、そのためです。危機が起こるのには必ず理由がある、逆に言えば何も理由がないのに天地がひっくりかえるような金融危機は起きませんし、また起きてしまった後にはそれに対する政策対応がなされるのです。

相場が大きく下落したら、大きく勝負に出る

インタビューした6名の方々の多くに共通して言えることは、まず、損失を最小限に留めようと分散投資をしたり、投資のタイミングを見計らったりと工夫をしていることでした。もうひとつ共通していたのは、大きく相場が下落したタイミングで、比較的規模の大きな投資をしていることでした。買った時に市場がまだ不安定なことが多く、もう一段下落することももちろんありますが、危機が過ぎ去った後は、長期的に見れば、こうした投資が後々生きてくる可能性は高いです。Fさんなどは、「非常にコストレートの良い米ドルを保有していることによって、思い切ったデリバティブ取引ができる」と、超円高で日本経済が厳しかったときに、思い切って米ドルをまとめて購入したことによるメリットについて話しておられました。

ただ、相場が下落している時に購入することはリスクも伴います。たとえばLTCMショックで言うなら、2日で20円下落するなど、誰も想像できませんでした。

もし、1日目の暴落時に、10円米ドル安・円高が進んだところで「そろそろいいだろう」と思って米ドルを買ったとすると、その翌日にはさらに10円米ドルが下落していたということとなのです。したがって、「急落時にまとめ買い」は良いのですが、その後ま

だ追加で購入できる余地を残しておくべきです。

相場が「急落」しているときは、何か悪いニュースが起きている時であって、市場のボラティリティーも上がっていますから、「明日は何が起こるか分からない」というスタンスで、余裕を持って臨むことをお勧めします。

なお、相場の急落時にも冷静な判断ができるようにするため、また、さらに下落したときに慌てず追加で購入できるためにも、Bさんのように、生活資金と運用資金を最初から分けておくということは、大事な考え方です。先述した「負のスパイラル」によって損失が拡大したときに、運用に充ててよい資金を分けておかないと、気づいたら資金のほとんどを投資していたということもあり得るからです。

リターンを狙うあまりに、生活資金をリスクにさらすようなことはできません。ドルコスト平均法でコツコツ積立をする場合でも、安値でまとめ買いする場合でも、どこまでリスクを取るのか、どこまで投資してよい資金とするかを最初から計画しておくことが必要です。

このように、相場に付き合うには、計画性と同時に、引く時と勝負に出る時のメリハリが重要です。ウォーレン・バフェット氏も、「勝ち目がない時はゲームをさっさと降

りる」と引き際も重視していますが、同時に「チャンスが巡ってきたら大きく勝負に出る」とも述べています。(注3)

〈ポイント5〉強みを理解したうえで金融機関と付き合う

第4章でご登場いただいた京都府在住のCさんは、目的によって金融機関を使い分けていました。たとえば、地元の土地情報に強いメガバンクなどは京都市内の土地の売買や運用をする際に主に利用していました。一方、日本の個別株を買うなら証券会社、外貨預金や外貨建て投資信託など外貨運用面ではそれらに特に強い銀行をご利用されています。また、東京都在住のAさんも、個別株の短期取引であれば、ネット証券などでサクサクと取引していますが、外貨運用等は同様に、取扱い通貨の種類が多かったり、外貨の売買手数料が低いなど、外貨に強い銀行を利用されているそうです。

金融機関と付き合う際には、①投資目的と取引の手法、②情報面の充実、③使用目的に応じた使い勝手、などそれぞれ自分のニーズに合わせて、目的別に使い分けるのも一案です。

①については、長期運用であれば、顧客の資産状況やポートフォリオを見たうえで、

ニーズに応じた商品を提案し、相談に乗ってくれる担当者と直接話せると安心、という方は多いと思います。一方、自分一人の判断で短期的に行う取引であれば、インターネットで行うのが素早く取引できますし手軽です。

また、②の情報面では、外貨運用を積極的に行うなら、海外の市場動向などの情報やレポート類、資産運用セミナーなどが充実しているほうがいいでしょう。Cさんのように地元の土地に関する情報を重視する方もいると思います。

さらに、③の使用目的に応じた使い勝手では、海外に行く頻度が高い方は、米ドル預金をそのまま使えるサービスは魅力的なようです。富裕層は米ドル預金を保有している方が多い上、海外に行く機会が多いため、米ドルのキャッシュカードで米ドル預金から米ドルのままで海外のATMで引き出せるという外貨サービスは、CさんやDさんのように米ドル円相場の振幅を気にせず「1米ドルは1米ドルのまま」という感覚で使えるので、「使い勝手が良い」とおっしゃっていました。

銀行によっては、キャッシュカードではないものの、クレジットカード会社と提携して、為替の交換をせずにそのまま米ドルやユーロで決済されるサービスを行っている銀行もあります。人によって重視するポイントはもちろん異なりますので、Cさんのように、それぞれの金融機関の強みを理解したうえで付き合っていくのがよいと思います。

アナリストとストラテジストの違い

ところで、多くの金融機関では調査部を持ち、エコノミスト、アナリスト、ストラテジストを配しています。彼らが発信する情報とどう付き合うかも、資産運用には大事なポイントです。

「そもそも、為替アナリストと為替ストラテジストはどう違うのか」と訊かれることがよくありますが、基本的には一緒です。為替の場合、アナリスト、ストラテジストが両方存在するものの、いずれも「為替市場動向を分析し、将来の為替レートを予測する」仕事をしています。厳密に言えば、分析と予想比重が置かれるのがアナリストで、投資戦略に比重が置かれるのはストラテジスト、という分け方もありますが、今はアナリストで予想を出さない人はいないですし、ストラテジストも分析を重視しますから、結局のところ両者は同じです。アナリストやストラテジストは為替や株、債券及びクレジットやコモディティなど、市場で取引されている対象ごとに存在します。金融機関によっては、債券と為替の両方を一人で担当しているアナリストもいます。これは、金利の動きに為替が左右されることが多いためです。

これに対して、エコノミストはマクロ経済情勢を分析し、GDPやその他経済指標の予測を算出します。過去から足元を分析して先行きを予測するという意味ではアナリストと同じですが、分析の対象がマクロ経済であり、彼らが具体的に為替や株など、いわゆる「マーケット物」を予想することはほとんどありません。日本経済のエコノミスト、米国経済のエコノミスト……など、国や地域ごとに担当が分かれているケースが多いのもエコノミストの特徴です。

一方、為替アナリストの場合、主要通貨と新興国通貨、オセアニア通貨……のように大枠で担当を分ける場合もありますが、個別の通貨はあまり細かく担当分けすることはありません。なぜならすべての通貨は相互に影響し合っているうえ、米ドル・ユーロ・円の主要通貨の取引量が為替取引の大半を占めるなかで、これらの動きが他の通貨に及ぼす影響が大きいためです。

もちろん、インドネシアルピアやメキシコペソなどが当該国の要因で動くこともありますが、たとえば、「米国利上げ観測で米ドル高が進むなか、インドネシアルピアは対米ドルで下落……」といった具合に、主要通貨の材料に左右されるケースが多いのも事実です。マイナー通貨については、経済指標が発表される頻度も主要国に比べて少なく、為替の変動要因にも乏しいため、個別に毎日市場レポートをアップデートする必要性が低いということなのです。

為替アナリストの発信情報を参考にする時のポイント

為替レートはそもそも株価と異なり、米ドルと円、ユーロと米ドルなど、2つの通貨の相対的な価値を示すレートです。そこが為替の面白いところですが、たとえば米ドル円の予想を立てる場合には、米国と日本の両サイドの材料に目を向ける必要があります。米ドル円レートは日米双方の経済、政治、貿易及び資本取引による需給など、さまざまな要因に左右されるのです。あらゆる出来事に左右されるため為替の予想はもっとも難しいと言われますが、為替アナリストが発信する情報を参考にする時のコツは、主に以下の通りです。

①予想レートだけを参考にしないこと
②自分と同じ意見のアナリストだけでなく、反対意見のアナリストの意見にも耳を傾けること
③広い視点で相場を見ているアナリストの相場観を参考にすること

通常、レポートの一番目立つところに、予想レンジや、年末時点の予想値などが書いてあります。新聞等でアナリスト予測をご覧いただいても、大体予想レートがもっとも大きく記載されています。もちろん、予想レートは非常に大事ですし、我々アナリストが予想を立てるときは当然、当てようという努力をしています。

ただ、筆者が他のアナリストの方のレポートを読む場合、レート自体はあまり参考にしません。また、予想が当たっていたかどうかもさほど重要ではありません。そもそも、その予想を立てたのがいつだったのか、またその時の為替レートがいくらだったのかによって、先行きの見通しも変わり得ます。したがって、もっとも重要なのは、そのアナリストが、「いくらの予想レートを出しているか」ではなく、「どうしてそのような予想レートを出しているか」なのです。

たとえば、現在の米ドル円レートが1米ドル＝110円だったとして、3カ月先の米ドル円予想が1米ドル＝120円だったとしましょう。なぜこうした予想になっているのか、大事なのはそのプロセスです。米国の金利が上がると思っているからなのか、日銀の追加緩和があると思っているからなのか、あるいはその両方か、日銀の追加緩和はなくても120円まで到達すると思っているのなら、その理由は何か……といった、「予想の組み立て」が大事だと筆者は思っています。

したがって、予想レートが自分の予想と同じだったとしても、その理由として書かれていることが自分が考えているものと異なっていれば、それはそれで参考になる情報ですし、なぜそのような予想なのか、を考えるのが重要です。

特に為替ともなるとアナリストの見通しも十人十色ですから、いろいろなアナリストのレポートを読んでみることをお勧めします。マーケットの変動には必ずその背景となるストーリーがあります。予想レートだけでなく、見通しを立てる際のストーリーの組み立て方がもっともしっくりくるアナリストを探してみてください。

一方で、ご自身の意見とまったく違う、たとえば円安と思っているのに、円高の見通しを語っているアナリストがいたとしたら、「あの意見は間違っている！」と切り捨てるのではなく、違う意見にも耳を傾けることが必要です。なぜなら、自分と同じ意見のアナリストの意見ばかり聞いていると、当たっている間はよいですが、外した時に「これは、おかしい！　マーケットが間違っているのだ！」という誤った判断をしがちだからです。マーケットが間違っているということはありません。その理由がどうであれ、マーケットはいつも正しく、それが腑に落ちない要因だったとしても、その要因を見極められなかった市場参加者のほうが間違っているのです。

たとえば「センチメント」とよく言いますが、相場は「雰囲気」だけでも動くことがあります。これも、フローや値動きを見て、嗅覚で気づくことができるディーラーやアナリストはいます。相場は、結局は人が動かしているものなので、必ずしもロジカルには動かないということなのです。自分と違う意見にも耳を傾けるというのは、「なるほど、そういう考え方もあるのだな」という気づきを与えてくれますし、自分が見落としている「何か」を拾えるチャンスを作れるというメリットがあります。

特に為替相場は、明日上がると言っても、下がると言っても「あの人は絶対に間違っている」という「絶対」はありません。誰が見ても米ドル高・円安が進みそうなときにさえ、多くの人が米ドル円のロングポジションを持っていたために、突然ポジション調整が起きて、米ドル安・円高になることだってあるのです。このようなさまざまな材料を拾うためにも、意見の違うアナリストの見通しにも耳を傾けることは大切です。

また、③の「幅広い視点」も重要です。たとえば、為替予想を組み立てる際の材料が、マクロ経済にばかり偏っていたりするレポートは、あまり現実的でないな、と筆者は思ってしまいます。

というのは、経済指標が予想を上振れたか、下振れたかで市場参加者が一喜一憂して売り買いするため、直後は為替相場も影響を受けるものの、これはあくまでも一時的なこと。長期的なトレンドを形成するものではありません。GDP成長率が高い国の通貨が買われるのであれば、米国の成長率が日本より高い時には、基本的にずっと米ドル高・円安に向かっていることになります。しかし、そうなっていないのは、金融政策や需給環境、政治情勢など、他のさまざまな要因が為替レートに影響を及ぼすからです。

したがって、さまざまな材料が盛り込まれているレポートを選んでゆくのがよいと考えます。

〈ポイント6〉長期的な見通しを持っておく

6名の方にインタビューをさせていただき、ひとつ気づいたことがあります。それは、全員に共通してお訊きした、「将来、世界や日本について、心配していること」という漠然とした、しかも難しい質問に対して、全員が「う〜ん……」と考え込むことなく、即答されたことです。ビジネスを通じてからか、日頃から情報収集しているからなのか、皆さんが将来の世界情勢と、「長期的なリスク要因」について、何かしら独自の見解を持っておられることが分かりました。日本の財政に対する危機意識は、ほとんどの方がお持ちでしたが、中国リスクを挙げていたAさん、「サイクル論」から金融不安や自然災害を気にしていたBさん、その他安全保障や少子化、世界の過剰流動性、などさまざまな回答を挙げていただきました。

資産運用を行うには、こうした長期的な見通しを持っていることが大事です。たとえ、短期的な売買しかしない、という方であっても、経済や市場見通しというものは持っておくべきです。

まずは数年後にどうなるか……たとえば将来、景気は「良くなるのか」「悪くなるのか」、相場についても「上がるのか」「下がるのか」という漠然としたもので構いませんが、少なくとも大きな方向感を描いたうえで、短期・中期の「相場の波」についてだんだん短い期間の予想を組み立てていく、という順序がよいと思います。

逆に、そういう大きな相場の方向性がないと、短い波で予想を外した時に、慌てて売り買いしてしまうことにつながりやすいのです。そして長期的に何がリスクなのか、何に気をつけるべきなのかがイメージできていれば、それに対するリスクヘッジとして、長期的にはどういう資産運用をすべきか、というところが見えてきます。

富裕層の外貨投資からいろいろと学べることがありますが、もちろんこれらがすべてではありませんし、逆にすべて実践できないと投資できないというわけでもありません。外貨投資を始めるのは、たとえばハワイが好きだから米ドルを持っておく、あるいはフランスワインが好きだからユーロを買っておくとか、そういう「好き」という気持ちや、「将来使うかも」というシンプルな動機でよいのです。

富裕層にしても、外貨に触れるきっかけはさまざまで、いきなり外貨に投資するよりも海外旅行での両替、海外赴任やお子様の留学、海外不動産への投資、美術品の購入といったことが契機となることが多いです。さまざまなきっかけで外貨を購入することで、徐々に外貨の魅力やメリットを感じ、外貨投資をするようになるのです。ただ、インタビューを通じても分かるとおり、

①リスクを取らなければリターンは生まれない
②ベースの知識を持ってさえいれば、リスクを過大に怖がる必要もない
③単なる「投資」だけではなく、資産の構成（ポートフォリオ）に外貨は欠かせない要素である

ということは、是非知っておいていただきたい大事なポイントです。サブプライムショック、リーマンショックという、百年に一度と言われる金融危機を経験してきた富裕層の投資家たちが、人生でどのように財をなし、今何を考え、どのような外貨投資をしているのか……ということが、少しでも個人投資家の方々の参考になれば、こんなに嬉しいことはありません。

注1　桑原晃弥『ウォーレン・バフェット　巨富を生み出す7つの法則』（朝日新聞出版）84ページ
注2　英「エコノミスト」編集部『2050年の世界　英『エコノミスト』誌は予測する』412〜413ページ
注3　桑原晃弥『ウォーレン・バフェット　巨富を生み出す7つの法則』（朝日新聞出版）88ページ

おわりに

「リスクは、あなたが何をやっているのか、よく分からない時に起こる」

世界で最も著名な投資家、ウォーレン・バフェットはこのように語っています。端的に言えば「自分がよく分からないもの、理解できないものに投資してはいけない」「投資はよく調査したうえで、計画的に行うべき」という趣旨の発言ですが、投資対象はおろか、自分自身のお金のリスクについて、実はきちんと理解できていない方が多いのではないでしょうか。よく分からないままに「リスクがあるから投資なぞしない！」と決めつけている方は、投資しないこと自体が、ひょっとすると将来のリスクに繋がるかもしれないということに気付いていないのかもしれません。

2019年2月、日清食品の「カップヌードル」や「チキンラーメン」などの値上げが発表され、大きな話題となりました。6月から4〜8％の値上げとのことです。一方、お菓子の袋の中身や、調味料のボトルの中身がこの数年間で減ったという話もよく聞きます。価格は変わっていませんが、これも立派な値上げです。日本は「デフレの国」というイメージが強いですが、実は物の値段はじわじわ上昇しており、千円札で今年買えたものが、十年後にも千円で同じ数量を買えるとは限らないのです。

このように、将来、円の実質的な価値が下がってしまうのは、インフレリスクというリスクです。そのリスクが少しでもあることを理解していれば、それを軽減するためにも、資産運用で少しずつお金を増やしておこうと考えるのは、実は自然なことなのです。

私たちは子供のころから、「人前でお金の話をするんじゃない」と言われて育ってきましたから、会社で同僚に「ところで何に投資しているの？」などと気軽に聞ける人は少ないでしょうし、実は家族ともお金の話をできていない人がほとんどです。リスクを分かったうえでなら、資産運用するもしないもご本人が判断すれば良いことですが、枕を高くして寝るためにも、また、将来突然お金の不安に駆られることがないようにするためにも、是非ご家族ともお金の話をしていただき、「将来、万が一の時にはこうなる」、といったシミュレーションをしておくことをおススメします。

おそらく本書でご登場いただいた6名の富裕層の方々も、ご自身のお金の話を公開するのは抵抗があったのではないかと思いますが、本書の趣旨をご理解いただき、読者の役に立てばと、匿名というお約束で快くお受けいただきました。今でも当時のインタビューの様子を思い出すことがありますが、長時間にわたる取材にご協力いただき、本当に有難かったですし、深く感謝しております。

6名の方々の共通点として興味深かったのは、その資産運用スタイルです。闇雲にリスクを取ることは一切なく、ご自身なりの考えやポリシーに基づいて、計画的に行っていらっしゃるのが印象的でした。そこは、前述のバフェットと一緒で、全員が「よく分からないものには投資しない」というスタンスを貫いていました。

ただ、「取るべきリスクは取る」というのも重要な共通点でした。リスクを取らなければリターンは得られない、ということがしっかりと根底にあり、そのリスクとリターンの絶妙なバランスのとり方は、資産運用を通じて、またそれぞれの人生経験を通じて養われたものなのだろうと感じました。

6名の方は人生においても、取るべき時にリスクテイクしたからこそ成功につながったのですが、それは決して、「えいや！」と「運」に頼るようなものではありませんでした。様々な苦労や挫折を味わいながらも、それを乗り越える「努力」をコツコツと続けてきたこと、そして情報収集を怠らず、時代の流れをきちんと読んでいたことこそが成功のカギだったのではないかと思います。

その情報収集の仕方にも特徴がありました。取材させていただいた全員が人間関係をとても大切にしていて、社会や周りの人たちにどう貢献できるかということを常に考えていました。だからこそ、人やお金が自然と周りに集まり、ここぞという時に良い情報も入ってきたのだと思います。

バフェットは、自身が幼少期に手にした小さな資金を株式への長期投資によって大きく増やしてきた様子を、転がしながら徐々に大きくなる「雪の玉（ｓｎｏｗｂａｌｌ）」になぞらえて語ることが多いのですが、同時にこんなことも述べています。

「雪がよくくっついてくれるには、それなりの人間にならなければならない。自分が湿った雪そのものになる必要がある」

つまり、富を増やすには「お金」だけに集中するのではなく、自分自身が「湿った雪

＝魅力ある人間」になって、優秀な人材や信頼できる仲間を周りに増やしていく必要があるということなのです。インタビューを行った際に、この言葉と6名の方々が重なって、「なるほど！」と思わず膝を打ってしまいました。

「忙しいからダメ」「ギャラが出ないならダメ」などということは一切なく、これから資産運用をされる方、或は投資で悩んでいる方々にとってどんな話をしたら役立つだろうというスタンスで、色々と思いを巡らせてお話しいただきました。このため、実は、筆者自身にとっても非常に学ぶことが多かったですし、読者の皆様にとっても、何等かのヒントがあったのではないかと思います。

本書を最後までお読みいただき、ありがとうございました。

2019年4月

尾河　眞樹

本書は、２０１５年11月に刊行した『富裕層に学ぶ外貨投資術』を改訂、改題し、文庫化したものです。

日経ビジネス人文庫

富裕層《ふゆうそう》に学《まな》ぶ外貨建《がいかだ》て投資《とうし》

2019年4月1日 第1刷発行

著者
尾河眞樹
おがわ・まき

発行者
金子 豊

発行所
日本経済新聞出版社
東京都千代田区大手町1-3-7 〒100-8066
電話(03)3270-0251(代) https://www.nikkeibook.com/

ブックデザイン
鈴木成一デザイン室

本文DTP
マーリンクレイン

印刷・製本
凸版印刷

Printed in Japan ISBN978-4-532-19892-3

nbb 好評既刊

「すぐやる人」になる1分片づけ術

小松 易

「後で片づけよう」は先延ばし癖の表れ。すぐ片づける習慣で決断力は上がり、仕事もすぐ始められる。効果絶大の「1分片づけ」の極意。

「一流」の仕事

小宮一慶

「一人前」にとどまらず「一流」を目指すために、仕事への向き合い方やすぐにできる改善、スキルアップ法を、人気コンサルタントがアドバイス。

「3人で5人分」の成果を上げる仕事術

小室淑恵

残業でなんとかしない、働けるチームをつくる、無駄な仕事を捨てる……。限られた人数と時間で結果を出す、驚きの仕事術を大公開！

FOCUS 集中力

ダニエル・ゴールマン
土屋京子＝訳

「集中力」こそが成功に欠かせない能力だ――。世界的ベストセラー『EQ』著者が、私たちの人生を左右する力の謎としくみを解き明かす。

35歳からの勉強法

齋藤 孝

勉強は人生最大の娯楽だ！ 音楽・美術・文学など興味ある分野から楽しく教養を学び、仕事も人生も豊かにしよう。齋藤流・学問のススメ。